KB265959

AI가 나보다 일을 잘할 때

AI가 나보다 일을 잘할 때

김대식
김혜연

# AI가 나보다 일을 잘할 때

창비
Changbi Publishers

‘둠스크롤링’(doomscrolling)이라는 새로운 단어가 있습니다. 파멸을 의미하는 ‘둠’(doom)과 스마트폰 화면을 위아래로 움직이는 ‘스크롤링’(scrolling)의 합성어지요. 회사에서, 집에서, 그리고 자기 전 침대에 누워서까지 작은 휴대폰 화면으로 전쟁과 재난 같은 암울한 이야기들을 스크롤링하며 우울증과 패닉에 빠지는 현상을 일컫습니다.

결코 남의 이야기가 아닙니다. 아마 우리 모두가 하고 있는 행동일 거예요. 최근 인공지능 관련 뉴스들이 인터넷 뉴스피드를 장악하고 있습니다. 특히 AI(artificial intelligence) 시대를 비관적으로 예상하는 내용들이 많지요. 그것도 챗GPT(ChatGPT)가 처음 출시되었을 때의 내용들과는 벌써 많이 다릅니다. 우리 모두 선명히 기억하고 있습니다. 수십년 동안 실패만 반복하던 인공지능. 인간의 언어를 이해하고, 세상을 알아보고, 스스로 학습이 가능한 기계는 영원히 할리우드의 공상과학 영화에서나 가능해 보였습니다.

하지만 역시 '영원히'는 인간에게 허용되지 않은 단어인 걸까요? 오픈AI(OpenAI)라는 스타트업이 챗GPT를 공개하면서 드디어 AI가 현실로 발을 내딛기 시작합니다. 처음에는 흥미롭기만 했습니다. 아니, '세종대왕이 노트북 컴퓨터를 벽에 던진 사건' 같은 말도 안 되는 할루시네이션(hallucination, 허위 생성)으로 가득했던 AI는 귀엽고 황당하기까지 했습니다.

챗GPT가 등장하고 4년도 되지 않은 2026년, 세상은 알아보기 어려울 정도로 변해버렸습니다. 어느덧 AI가 코딩을 하기 시작했고, IT 기업들은 더이상 신규 개발자 채용을 꺼려합니다. AI가 할리우드 영화 수준의 콘텐츠를 만들어내면서 미래 영화는 스튜디오가 아닌 서버에서 만들어질 거라는 이야기가 나오고, 기존 기업용 소프트웨어들 역시 빠르게 AI 에이전트(agentic AI)로 대체되기 시작했습니다. 360도 돌아가는 관절을 지닌 휴머노이드 로봇이 사람처럼 부드럽게, 때로는 사람의 한계를 훌쩍 뛰어넘어 움직이는 모습은 AI가 화면 밖 물리적 현실 공간에서 우리와 함께 일하고 살 날이 멀지 않았음을 단적으로 보여주었습니다. 인간의 특정 능력만을 대체하는 AI를 넘어, 사회·경제·과학적으로 의미 있는 인간의 모든 지적 능력을 대체할 수 있는 AGI, 즉 '범용 인공지능'(artificial general intelligence) 역시 불가능해 보이지 않습니다.

그렇다면 각종 AI가 우리의 일자리를 대신하고, AGI가 등장한 세상은 어떤 모습일까요? 우선 AI를 피하는 것은 더이상 가능한 옵션이 아닙니다. 어떤 일을 하든, 어떤 능력을 지녔든, 어떤 목표를 세웠든 AI가 영향을 주지 않는 세상을 전제로 우리의 미래를 준비해서는 안 된다는 말입니다.

'AI가 나보다 일을 더 잘하는 세상'이 현실이 된다면, 우리는 무엇을 준비하고 무엇을 내려놓아야 할까요? AI가 인간보다 일을 더 잘할 때, '일하던 존재'로서의 인간은 이제 어떤 존재로 거듭나야 할까요? 단순한 프롬프트 사용법이나 툴 튜토리얼이 아닌 향후 10~20년을 버티게 해줄 사고의 틀은 과연 무엇일까요? AI가 불러올 노동·교육·관계의 거대한 변화를 넘어 지금 우리가 당장 준비하고 장착할 수 있는 일과 삶의 태도는 무엇일까요?

『AI가 나보다 일을 잘할 때』는 단순히 AI 시대에 '일 잘하는 인간'을 넘어 인간의 가치와 존엄을 유지하며 오래 살아남고 싶은 사람을 위한 책입니다. 'AI가 나보다 일을 잘하는 세상'을 앞둔 지금, 우리와 함께 이 세상에 관해 생각하고 준비하려는 독자들에게 이 책을 초대장으로 전해드립니다.

2026년 봄 대전과 서울에서

김대식 & 김혜연

fiction, SF)의 영역에 머물러 있습니다.

그러나 AGI의 현실화가 아주 먼 일은 아닙니다. 챗GPT가 등장한 2022년만 해도 기계가 인간의 특정 능력을 대체할 수는 있겠지만 모든 능력을 대체하기는 어렵다는 견해가 지배적이 었습니다. 하지만 최근에 와서는 분위기가 많이 바뀌었습니다. 오픈AI의 CEO 샘 올트먼(Sam Altman)은 AGI가 향후 5년 안에 개발 가능할 것이라 예측합니다. 그리고 제가 아는 인공지 능 전문가들 중 누구도 AGI가 영원히 불가능하다고 생각하지 않습니다. 이제 쟁점은 AGI의 실현 가능성이 아니라 AGI의 현 실화가 이루어지는 시점입니다. AGI를 개발하는 데 5년이 걸 릴지 10년이 걸릴지 알 수 없고, 누군가는 20년까지 내다보기 도 합니다. 그런데 사실 10년이든 20년이든 시간은 금방 지나 가죠. 이는 AGI가 수백년 후에나 나타날 SF 속 이야기가 아니 라 우리 모두가 곧 실질적으로 경험할 미래라는 뜻입니다.

우리가 오늘날 AI 그리고 AGI에 대해 이렇게 진지한 이 야기를 나눌 수 있는 건 구글에서 2017년에 개발한 트랜스포 머(Transformer)라는 이름의 알고리즘 덕분입니다. 챗GPT 의 'T'가 바로 트랜스포머의 약자입니다. 이 알고리즘으로 인 해 챗GPT가 가능해졌고, AI가 인간의 언어를 이해하기 시작

## '신입사원'이 사라진다

안녕하세요. 대학에서 뇌과학과 인공지능을 연구하고 있는 김대식입니다. 우리가 요즘 흔히 일컫는 AI는 인간의 '특정한' 한가지 능력을 대체하는 기계를 가리킵니다. 알파고는 바둑을 잘 두고 챗GPT는 대화에 능하죠. 제한된 범위의 작업만 잘하도록 설계되었기에 약(弱)인공지능이라고도 합니다. 그와 달리 AGI는 정치·경제·사회 모든 분야에 걸쳐 의미 있는 인간의 지적 능력 대부분을 폭넓게 대체하는 '범용 인공지능'입니다. 인간처럼 다양한 문제를 동시에 이해하고 학습하고 추론하고 창의적으로 해결하는 게 가능한 강(強)인공지능이지요. AGI가 등장하면 인간 지능의 희소성이 무너집니다. 다른 동물과 달리 분석하고 판단하고 창조하는 능력을 토대로 부가가치를 생산해 지금의 인류 사회를 건설한 바로 그 지적 능력 말입니다. 물론 AGI는 아직 존재하지 않고 사이언스 픽션(science

AI가 나보다
일을 잘할 때

AI WORKING

RESIGNATION

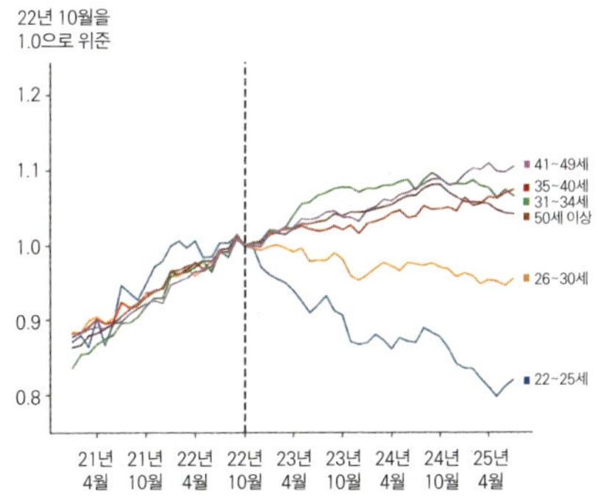



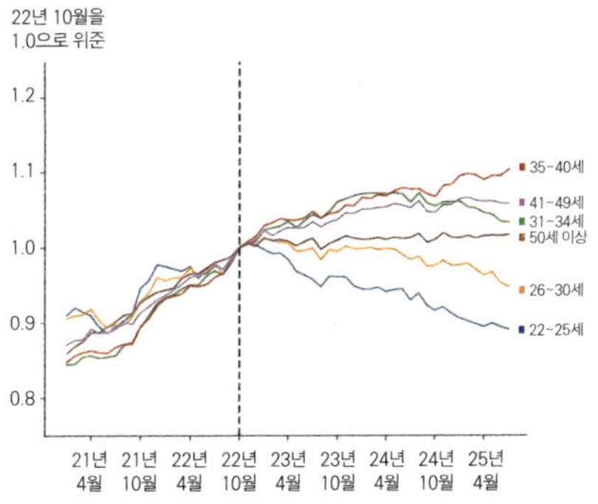



〔그림 1〕 2021~2025년 미국 개발자(위) 및 고객응대 서비스(아래) 고용 인원수 추이

객응대 서비스 노동시장에서 연령대별 노동자 수의 변화를 보여줍니다. 2021년부터 얼마간은 모든 연령대의 노동자 수가 점진적으로 늘어나지만, 특정한 시점부터 연령대별로 추이가

달라지기 시작해요. 이 시점이 도대체 언제냐, 바로 2022년 겨울 챗GPT가 등장했을 때입니다. 인공지능이 상용화된 이후, 22~25세 노동자의 수가 급격하게 줄어듭니다. 대학교를 갓 졸업한 신입사원의 채용이 점차 사라지고 있는 것입니다. 반대로 41~49세 경력직의 수는 늘어나고 있습니다. 단순히 AI 도구만을 사용하는 능력보다 특정 업종에서의 경력과 내공이 더 중요해지고 있다는 뜻이겠지요. 이게 그저 남의 나라 이야기가 아닙니다. 현재 한국의 IT 업계도 대부분 신규 인력을 채용하지 않는 상황입니다. 이제 생성형 AI로 코딩이 가능해졌기 때문이에요. 이를 '바이브 코딩'(vibe coding)이라고 부릅니다. AI 코딩의 수준이 신규 개발자와 거의 비슷하기에 더이상 신규 인력이 필요 없는 상황까지 이른 거예요.

인공지능으로 인해 일자리를 잃을까 걱정하는 사람들은 그나마 처지가 괜찮은 겁니다. 이제 막 현업에 진입하려는 청년들과 지금의 미성년들은 훗날 더욱 심각하고 절망적인 고용 상황을 맞닥뜨리게 될지 모릅니다. 10년이나 15년 뒤, AGI가 개발되어 인간 능력 대부분을 인공지능이 대체하는 시대에 그들은 일자리를 가질 기회조차 얻지 못할 수 있죠. AI 기술의 팽창은 모두의 예상보다 빠르게 현실을 침범하고 있습니다. 다음

장에서 살펴볼 생성형 AI의 발전이 콘텐츠 업계의 지형 자체를

뒤흔들고 있는 것처럼요.

# 생성형 AI
## ― 창작된 모든 것을 의심하라

생성형 AI는 영상, 이미지 등 인간이 보고 즐기는 콘텐츠도 수월하게 만들어내기에 콘텐츠 산업에도 상당한 영향을 미치고 있습니다. 이미 관련 AI 모델이 여럿 출시되기도 했죠. 2025년 5월 구글이 공개한 비오 3(Veo 3)는 우리가 프롬프트를 입력하면 영상을 만들어줍니다.

〔그림 2〕 비오 3로 생성한 미국 시트콤(왼쪽)과 비디오 게임(오른쪽) 스타일 영상 장면

'1980년대 미국 코미디 시트콤을 보여줘'라고 입력하면 〔그림 2〕처럼 그럴싸한 시트콤 장면을 생성해냅니다. 충분히

〔그림 3〕 비오 3로 생성한 K팝 뮤직비디오 스타일 영상 장면

있을 만한 장면이죠. '2000년대 비디오 게임을 만들어줘'라는 프롬프트에도 훌륭한 게임 화면을 만들어 보여줍니다. 이렇다 보니 현재 게임 업계에서는 배경 같은 부차적인 장면들은 AI로 제작하는 것이 더 효율적이라고 보고 있습니다. 원래는 신규 인력이 담당했던 업무를 AI가 대신하게 된 것이죠. IT 업계와 상황이 비슷합니다.

〔그림 3〕은 'K팝 뮤직비디오를 만들어달라'는 프롬프트 에 따라 생성된 영상의 한 장면입니다. 통상적으로 이 정도 수 준의 뮤직비디오를 만드는 데 적어도 몇달이 걸리고 수억이 든 다고 하는데, 〔그림 3〕의 영상은 AI 서비스 구독료 정도만 내면

누구나 만들 수 있습니다. 물론 질적으로 차이가 나긴 하지만, 훨씬 더 적은 비용으로 얼마든지 콘텐츠를 만들어낼 수 있는 겁니다. 이런 식으로 콘텐츠를 대량생산하는 것도 가능하겠죠. 그렇게 되면 인공지능 시대의 콘텐츠 산업은 완전히 양극화될 수 있습니다. 연출진과 출연진이 모두 인간인 콘텐츠는 점점 귀해져서 마치 부가티·람보르기니 같은 자동차 시장의 럭셔리 라인처럼 '슈퍼 럭셔리 콘텐츠'로 분류되고, 극소수의 사람만 이런 콘텐츠를 향유하게 될지도 모릅니다. 그리고 대부분의 사람들은 AI로 만든, 상대적으로 값싸고 한번 보고 버려도 문제없는 '일회용 콘텐츠'를 소비하게 되는 것이죠.

　　인공지능이 보편화된 미래에는 소비자의 여유 시간이 확대되면서, 콘텐츠 및 엔터테인먼트 산업이 다른 어떤 산업보다 크게 성장하리라 예측됩니다. 이 산업 또한 생성형 AI가 핵심 기술로 자리 잡을 텐데, 결국 누가 AI를 바탕으로 이 산업을 견인해나갈 것인지가 관건입니다. 서버 비용을 감당할 수 없는 개인 창작자들은 논외로 하더라도, 넷플릭스나 할리우드 제작사들도 쉽지 않을 겁니다. 이미 상당한 스튜디오와 촬영 장비를 소유하고 있고 그간 다양한 연출진 및 출연진과 관계를 맺어왔는데, 이 모든 걸 하루아침에 포기하고 AI에 투자할 수는 없으니까요. 실제로 2023년 미국 배우·방송인 노동조합과 미국작가조합이 영화 제작 과정에서의 AI 기술 확산에 반발해 동반파업을 한 적이 있었습니다. 배우들은 자신의 외모나 목소리가 AI 생성 영상에 무단으로 사용되는 것에 대해, 작가들은 시나리오 작성을 AI에게 맡김으로써 작가들의 임금이나 일자리를 줄이는 것에 대해 강력한 우려를 표명했다고 합니다. 이러한 현실적 갈등 요소 때문에 AI 콘텐츠 산업이 비전에 비해 상대적으로 느리게 발전할 수밖에 없다는 목소리도 병존합니다.

한편, 2025년 7월 오픈AI에서 소라 2(Sora 2)라는 이름의 AI를 공개했습니다. 소라 2는 실제 인물의 이미지를 활용해 아주 자연스러운 가짜 영상을 만들어낼 수 있어요. 얼굴과 목소리 데이터를 등록하면 누구나 그 인물로 실재하지 않는 상황의 영상을 제작할 수 있습니다. 현재 이 기능으로 유명인을 등장시킨 AI 영상이 수없이 만들어지고 있지요.

〔그림 4〕는 그중에서도 가장 유명한 영상의 한 장면으로, 샘 올트먼이 백화점에서 GPU를 훔치다 보안직원에게 붙잡히는 순간을 포착한 CCTV 화면을 담고 있습니다. 오픈AI의 최고경영자인 샘 올트먼이 백화점에서 도둑질을 할 이유는 없죠. 농담에 가까운 영상입니다. 그러나 CCTV 녹화본을 모니터로

〔그림 4〕 소라 2로 생성된 샘 올트먼 가짜
영상의 한 장면

재생하고 있는 듯한 영상의 구도와 질감이 매우 정교하고 현실적이어서 자칫 진짜라고 믿을 수 있을 정도예요. 이러한 기술이 역사적인 장면을 왜곡하고 허위 정보를 퍼뜨리는 데 악용될 가능성이 제기되면서 사회적으로 큰 논란이 되고 있습니다.

진짜와 가짜가 혼합된 영상을 만들 수도 있습니다. 예를 들어, 1960년대 존 F. 케네디 미국 대통령의 실제 텔레비전 인터뷰 장면을 바탕으로 만든 한 영상은 초반까지만 진짜이고, 뒤로 갈수록 소라 2를 활용해 장면을 조금씩 변형합니다. 문제는 언제부터 왜곡이 시작되는지 알 수 없다는 점입니다. 진짜에서 가짜로 바뀌는 순간이 언제인지 명확히 구별할 수 없어요. 이 말인즉, 우리는 원하는 대로 언제든 역사를 왜곡할 수 있는 시대에 들어섰다는 뜻입니다. 배우를 쓰지 않고 AI로 실제 인물을 등장시켜 역사적 사실을 날조하는 콘텐츠가 대대적으로 만들어질 거예요.

2026년 2월에는 중국 기업 바이트댄스(ByteDance)의 생성형 AI 모델 시댄스 2.0(Seedance 2.0)이 사진 한장과 짧은 프롬프트만 입력하면 순식간에 고화질 영상을 뽑아내는 성능으로 전세계를 놀라게 했습니다. 엑스(X, 옛 트위터)에 올라온 15초짜리 영상에는 할리우드 스타 브래드 피트와 톰 크루즈를 연상시키는 인물들이 건물 옥상에서 서로 고함을 치며 난투를 벌이는 장면이 실제 영화처럼 담겨 있습니다. 영상 속 두 인물은 자연스럽게 대화도 주고 받죠. 이 영상의 제작자는 시댄스 2.0에다 두줄의 명령어만 써넣었다고 밝히면서 '이제 할리우드는 망했다'(the Hollywood is cooked)고 자조 섞인 한마디를 남겼습니다.

인공지능을 막연히 상상만 하던 과거에는 창작이야말로 인간 고유의 능력으로 남을 것이라 여겼지만, AI가 그려내고 있는 현실은 우리의 기대와는 전혀 다릅니다. AI가 밀물처럼 창작의 영역을 대체해오고 있지만, 우리는 새로운 모델이 나올 때마다 그저 놀라기만 할 뿐이죠. 이제 더 늦기 전에 스스로 아래와 같은 질문을 던져야만 하는 때입니다.

• AI가 파악하기 힘든 지역 정서, 문화적 배경, 감정적 울림 같은 요소가 과연 인간 창작자만의 고유한 강점으로 남아 있을까?

• 기존의 패턴을 효율적으로 재생산하는 AI와 처음 보는 혁신을 추구하는 인간 창작자가 어떤 식으로 상호보완하며 함께 일할 수 있을까?

• AI 콘텐츠가 실제와 똑같이 보일 정도로 정교해지면, 가짜뉴스 유포나 명예훼손을 막기 위한 법적·윤리적 책임은 누구에게 있으며, 대처 방안은 무엇일까?

• 인간 작가나 예술가의 독특한 스타일을 AI가 훈련해 그대로 재현한다면 '독창성'의 의미가 퇴색되는데, AI 데이터 학습의 동의 절차와 저작권 분쟁을 어떻게 정리할 것인가?

• AI가 코딩·콘텐츠 생산을 압도적으로 빠르게 해내고 AI를 활용한 영상·글 생성이 표준화되면 개발자·디자이너·작가 등 창작 직군의 일자리 감소와 양극화가 가속화될 텐데, 이를 극복할 신개념 비즈니스 모델은 무엇일까?

# AI 에이전트와 피지컬 AI
## — 인간의 노동이 실종된 미래

2025년 1월 라스베이거스에서 열린 국제전자제품박람회 (Consumer Electronics Show, CES) 기조연설에서 엔비디아의 CEO 젠슨 황(Jensen Huang)은 AI 발전의 4단계를 인식형 AI → 생성형 AI → AI 에이전트 → 피지컬 AI로 구분했습니다. AI의 대부로 불리는 컴퓨터과학자 제프리 힌턴(Geoffrey Hinton)이 2012년 딥러닝 기술을 개척해 인식형 AI(Perception AI)가 가능해졌습니다. 인식형 AI는 말 그대로 세상을 '인식'할 줄 아는 인공지능입니다. 이때부터 기계가 사람, 동물, 사물 등 이 세계의 존재들을 알아보기 시작했어요. 그 뒤로 챗GPT와 함께 생성형 AI가 등장했습니다.

인간과 대화할 수 있는 생성형 AI의 발전은 자연스럽게 AI 에이전트의 등장으로 이어집니다. 둘의 차이는 무엇일까요? 생성형 AI는 정보를 만들어내는 기계입니다. '인천에서 출발

하는 뉴욕행 항공권을 찾아줘'라고 명령하면 관련 정보를 검색해 제공합니다. 그런데 우리가 정말 원하는 것은 뉴욕행 항공권을 예약까지 해주는 AI예요. 사용자가 요청만 하면 사용자의 컴퓨터 환경에 진입해 여러 옵션 중 가장 저렴한 항공권을 찾고 직접 결제도 해서 바로 출발 가능한 상태까지의 일을 직접 '실행'해주는, 일종의 디지털 직원 같은 인공지능을 우리는 AI 에이전트라고 부릅니다. 생성형 AI는 혁신적이지만 그 기능이 콘텐츠·데이터 생성에 한하는 만큼 아직까진 노동시장 전반에 막대한 영향을 끼쳤다고 보긴 어렵습니다. 하지만 AI 에이전트가 등장하는 순간 전세계 대부분의 기업이 심각한 타격을 받게 될 겁니다. 코스 요리로 치자면 생성형 AI는 애피타이저이고, 메인 디시는 AI 에이전트인 거죠.

실제로 2026년 1월, 구글과 월마트가 손을 잡고 제미나이(Gemini) 플랫폼 안에서 AI 챗봇과 대화하는 방식으로 재고 조회부터 할인쿠폰 사용, 포인트 적립, 배송지 지정, 결제 완료까지 한번에 처리하는 쇼핑 기능을 도입하겠다고 발표했습니다. 전자상거래 시장을 뒤흔들 파트너십이라는 평가를 받고 있죠. 비슷한 시기 앤트로픽(Anthropic)의 AI 서비스 클로드 코워크(Claude Cowork)가 전세계를 쇼크로 몰아넣었습니다. 전문 지식이 없는 사람도 AI와의 대화만으로 업무를 자동화할 수 있게 해주는 자율형 AI 에이전트인 클로드 코워크는 법률 검토, 회계, 영업, 데이터 분석, 재무 관리 등 전문 분야의 업무들을 모두 포괄하는 엄청난 능력을 선보이면서 시장 전반에 공포를 불러일으켰습니다. 각 분야에서 기존에 사용되던 소프트웨어 프로그램들이 굳이 필요 없어졌음은 물론, 전문가가 몇 날 며칠에 걸쳐 수행하던 일을 AI 에이전트의 도움으로 "이 계약서의 위험 조항을 찾아 요약하고, 법률 위반 가능성이 있는 부분은 엑셀로 정리해줘"라는 식의 한마디로 처리할 수 있게 된 것이니까요. 다양한 사무·지식 노동을 전문가 수준으로 도맡을 수 있는 인공지능, AI 에이전트의 태동기를 현재 우리는 지나고 있습니다.

AI 에이전트 이후로는 또 무엇을 생각해볼 수 있을까요? 바로 피지컬 AI(Physical AI)입니다. 즉, 인간의 모습과 움직임을 물리적으로 모방하는 휴머노이드 로봇이지요. AI 에이전트는 인간의 요구를 폭넓게 수행하긴 하지만 실제 현실로 발을 내딛진 못합니다. 하지만 우리에겐 현실 공간에서 해결해야 할 문제가 더 많습니다. 책상에 둔 물병을 가져다달라는 것부터 자동차 공장에서 차를 조립해달라는 것까지, 이러한 요구는 물리적 실체를 지닌 인공지능이 아니라면 해결할 수 없습니다.

　이번 2026년 CES에서 바로 이 피지컬 AI가 인류에게 또 한번의 충격을 선사했습니다. 특히 현대자동차그룹이 공개한 휴머노이드 로봇 아틀라스가 주목받았는데요. 키 190센터미터 무게 90킬로그램의 인간형 체격에 360도 자유자재로 회전하는 관절을 탑재한 아틀라스는 좁은 물류창고형 부스에서 자연스럽고 부드럽게 움직이면서 자율적으로 물건을 분류하고 이동시켰으며, 바닥에 넘어져도 혼자 일어났고 배터리가 모자라면 스스로 충전까지 해냈습니다. 아틀라스가 이미 실전 배치 훈련에 들어갔고 2028년부터 양산에 들어간다는 소식에 우리나라 노동계는 당황한 기색이 역력합니다. 연 1400만원의 유지 비용으로 365일 근무하는 로봇의 등장은 단순한 노사 갈등의 문제를 넘어 기존 생산직 일자리 구조 자체를 와해시킬 테니까요.

　만일 AI 에이전트가 사무를 대신하고 피지컬 AI가 물리적인 노동을 대신한다면, 나아가 AGI가 인간의 지적 능력 대부분을 대체한다면 어떤 일이 벌어질까요? 이때 미래에 대한 상상은 아주 극단적으로 나아갑니다. 실리콘밸리의 일부 빅테크 전문가들은 AGI와 피지컬 AI가 가능해지면 지구가 천국이 될 것이라고 이야기해요. 구글 딥마인드의 최고경영자 데미스 허사비스(Demis Hassabis)는 AGI가 그간 인간이 해결하지 못한 난제를 돌파해 급진적 풍요(radical abundance)를 가져다줄 것이라고 주장하죠. 이를테면, 핵융합 에너지의 상용화를 이루어내 이론적으로 무한에 가까운 에너지를 얻는 일이 가능해지리라 보는 겁니다. 허사비스는 오늘날 정치·경제·사회적 갈등의 대부분은 에너지의 희소성으로 인해 벌어진다고 말합니다. 따라서 AGI가 에너지의 생산과 활용 문제를 근본적으로 해결한다면 이 세상의 많은 문제가 자연스럽게 해소된다는 거죠. 더 나아가 AGI가 양자역학과 상대성 이론을 통합해 우주의 비밀을 밝혀내고, 인간이 앓는 수많은 질병을 치료하고, 특히 죽음이라는 병까지도 해결할 것이라고 말합니다. 그렇게 세상이 유토피아가 될 거라고 주장하고 있어요. 그런 세상에서는 생산성이 극대화되어 모두가 거부(巨富)처럼 살고 더이상 일할 필요도 없겠죠.

하지만 이 '유토피아'는 어쩌면 '대규모 실업'의 또다른 표현일지 모릅니다. 앤트로픽 CEO 다리오 아모데이(Dario Amodei)는 사무직 일자리의 50퍼센트가 사라질 거라고 예측합니다. 노동을 넘어 연구와 창작까지도 AI가 도맡게 된다면, 인간은 무얼 해야 할까요? 실리콘밸리 전문가들은 늘 '인간은 각자 하고 싶은 일을 찾아 하면 된다'고 말합니다. 하지만 우리는 수많은 사이언스 픽션을 통해서 그런 미래를 이미 봤잖아요. 일례로, 영화 「월-E」에서 기계가 모든 일을 해주는 세계 속 인간은 아무 일도 하지 않습니다. 저는 그런 미래가 좋아 보이지는 않습니다. 그래서 계속 질문해야 한다고 생각해요. AI가 생산적인 일을 도맡을 때 인간은 도대체 어떤 일을 해야 하는지, 인공지능 시대에 인간은 AI와 경쟁해야 하는 건지 협력해야 하는 건지, 경쟁과 협력을 위해 인간에게 어떤 능력이 필요한지. 바로 지금, 이 중요한 질문들을 던져야 합니다.

샘 올트먼은 AI가 하나의 기술이라면, AGI는 새로운 형태의 자본주의라고 주장합니다. 이 발언을 이해하기 위해 경제학의 기본 개념인 콥-더글러스 생산 함수를 잠시 가져와보겠습니다. 간단히 말하자면, 한 사회의 총생산량을 노동투입량과 자본투입량의 곱으로 설명하는 함수죠. 이러한 틀에서 AGI가 등장해 지적 노동의 자동화와 대량생산이 무한정 가능해지면 노동의 가치는 떨어지고 결과적으로 자본이 총생산량을 결정하게 됩니다. 다시 말해, 노동의 가치는 0에 수렴하고 자본의 가치는 폭등하게 되면서 경제적 질서가 새로 쓰이게 되는 것입니다.

　　정확한 시점을 단정하긴 어렵지만, AI 에이전트와 피지컬 AI 그리고 AGI는 머지않은 미래에 현실이 될 것입니다. 우리에게 남은 시간이 앞으로 10년 정도라고 칩시다. AGI 시대가 도래하기 전에, 노동으로 먹고살 수 있을지 알 수 없는 그 시대가 오기 전에 우리는 무엇을 준비해야 할까요? 단순하고 현실적인 답이 하나 있습니다. 앞으로 남은 10년 동안 정말 미친 듯이 돈을 모아야 합니다. 자본 축적이야말로 가장 안전한 준비 방법이라는 것이지요. 하지만 이 답이 사회적으로 좋은 답인 것 같지는 않아요.

　　AI가 노동을 위협하는 상황에서, 실리콘밸리 빅테크의 기업가들은 직접 기본소득을 지급하겠다고도 말합니다. 그런데 이미 기본소득은 여러차례 실험되었고, 결과가 그렇게 좋지만은 않았습니다. 기본소득, 즉 UBI(Universal Basic Income) 대신 모든 성인들에게 기본서비스(Universal Basic Service)나 기본주식(Universal Basic Equity)을 국가에서 제공해주어야 한다는 의견도 있습니다. 그리고 최근에는 기본계산량(Universal Basic Compute), 즉 모든 개인에게 AI 및 첨단기술에 필요한 기본적인 컴퓨팅 능력을 주겠다는 아이디어도 나오고 있습니다. 전세계에 GPU 인프라가 구축되고 나면 개인에게 현금 대신 GPU를 분배하는 방식이지요. 그럼 각자가 GPU로 창작을 하거나 사업을 할 수도 있고 또는 다른 재화와 교환하거나 기부도 할 수 있습니다.

그런데 정말 빅테크 기업 몇개가 전세계인을 먹여 살릴 수 있을까요? 그들은 이론적으로는 가능하다고 주장합니다. 이런 논리예요. 호모 사피엔스는 대략 30만년 전에 지구에 등장했습니다. 어딘가에 정착하지 않고 수렵과 채집으로 연명했지요. 그때는 10~30명 사이의 가족 단위로 떠돌아다녔습니다. 아마 그중 가장 능력 있는 사냥꾼 몇 사람의 능력에 기대어 한 가족이 며칠간 먹고살 수 있었을 겁니다. 그리고 약 1만년 전 인류는 농경사회에 들어섰어요. 마을 단위로 정착생활을 시작하면서 마을에서 가장 능력 있는 농부가 마을 주민들의 몇달간 생계를 떠받쳤을 거예요. 이와 비슷한 변화는 19세기에도 나타납니다. 대기업이 본격적으로 등장했고 기업가가 가장 영향력 있는 인물로 부상했죠. 앤드루 카네기(Andrew Carnegie)의 능력으로 피츠버그가 먹고 살았고 헨리 포드(Henry Ford)의 능력으로 디트로이트가 먹고 살았던 때입니다. 한국의 경우로 비유하자면, 정주영의 능력으로 울산이 먹고 살았다는 것이죠. 수렵·채집 시대부터 지금까지, 기술이 발전하면서 개인의 능력이 미치는 파급력 또한 커져왔다고 볼 수 있습니다. 이러한 논리로 빅테크 기업가들은 기술이 더욱 고도화될 AGI 시대에는 자신들 같은 빅테크 기업가의 능력으로 한 국가를 먹여 살릴 수 있다고 주장하는 거예요.

정말 그렇게 된다면 우리는 다시 이 질문으로 돌아올 수밖에 없습니다. 우리는 무얼 하며 시간을 보내야 할까요? 정복전쟁을 통해 문명사 최대의 풍요를 누렸던 로마인들이 콜로세움에서 오락을 즐겼던 것처럼 우리도 각종 엔터테인먼트를 즐기면 될까요? 아니면 온종일 호텔에서 수영을 할까요? 공장의 기계가 인간의 수작업을 밀어낸 것처럼 인공지능 시대에는 AI가 인간의 지적 능력을 대체하게 될 겁니다. 글을 쓰고 그림을 그리고 각종 콘텐츠를 만드는 등 인간의 고유한 능력이라고 여겨왔던 많은 일들이 AI에 의해 자동화되고 대량생산될 거예요. 그런 상황에서 인간은 어떤 일을 해야 하고, 할 수 있을까요?

한가지 질문을 더 던져봅니다. 제가 예전에 『김대식의 인간 vs 기계』(동아시아, 2016)라는 책을 썼습니다. 그런데 이제 와서 보니 인공지능 시대에는 인간과 기계의 경쟁보다 더 중요한 문제가 있네요. 바로, 나보다 인공지능을 더 잘 활용하는 다른 인간들과의 경쟁입니다. 기업 차원에서 봐도 AI 때문에 회사가 어려워진다기보다 AI를 먼저 이해하고 적절히 활용하는 경쟁사 때문에 어려워질 가능성이 높죠. 따라서 우리가 지금 해야 할 고민은 다음과 같습니다. 인공지능이 인간의 지적 능력을 자동화 및 대량생산하고 피지컬 AI가 인간의 육체적인 능력까지 대체하기 시작하는 시점에, 인간은 어떤 일을 해야 할까요? 그리고 기계를 비롯해 인공지능을 더 잘 활용하는 다른 인간들과 경쟁하기 위해서는 어떤 능력을 갖춰야 할까요?

다음 장부터 인간의 몸과 AI의 관계를 고찰하는 무용가이자 콘텐츠 기획가인 김혜연 작가와 함께 이 질문에 대한 답을 하나씩 찾아보려 합니다.

**김혜연** 안녕하세요. 'AI시대, 능력이란 무엇인가'라는 주제로 김대식 교수님과 이야기 나눌 무용가 김혜연입니다. 반갑습니다.

최근 AI의 비약적인 발전이 굉장한 관심과 찬사를 받고 있지만 한편으로는 두려움과 위기감을 조성하고 있기도 합니다. AI를 이야기할 때 우리는 유토피아나 디스토피아 같은 극단적인 미래를 먼저 떠올리곤 하는데요, 오늘은 그러한 양극의 환상에서 잠시 벗어나 조금 더 현실적이고 인간적인 이야기를 나눠보고 싶습니다. AI가 인간의 능력을 빠르게 대체하는 이 시대에 인간은 무엇을 해야 할까요? 어떤 능력을 개발하거나 재발견해야 할까요? 이 질문에 본격적으로 답하기 전에 '인간의 능력'에 대해 먼저 개괄해주시면 좋을 것 같습니다. 과거부터 현재까지 인간의 능력이란 무엇이었을까요? 어떻게 변화해왔고 앞으로 어떻게 바뀌어갈까요?

**김대식** 인간의 능력은 무궁무진합니다. 그렇기 때문에 인간에게 어떤 능력이 있는지 나열하는 건 큰 의미가 없겠죠. 대신 각 시대마다 사회적으로 특히 중요하게 여겨지는 능력이 있었습니다. 한 시대 한 사회에서 어떤 인간이 성공적인 삶을 살아갔는지 살펴보면, 그 시대와 사회가 요구한 인간의 능력이 무엇이었는지, 그리고 그 기준이 어떻게 변화해왔는지 알 수 있습니다. 예를 들어, 약 30만년 전 인간이 처음 지구에 등장해 떠돌아다닐 당시엔 신체적인 능력이 가장 중요했을 겁니다. 수렵과 채집으로 연명하려면 신체적으로 강하고 건강해야 했겠죠. 지적 능력도 필요했겠지만 우선은 몸을 재빠르게 움직이고 사냥에 능한 사람이 무리를 이끌었을 거예요.

하지만 신체적인 능력에는 한계가 있습니다. 한 인간의 힘은 다른 맹수에 비하면 그렇게 세지 않거든요. 하지만 인간 10명이 힘을 합치면 맹수를 제압할 수 있고 100명이 협업하면 코끼리도 사냥할 수 있습니다. 신체적 능력에 더해 협업 능력도 생존에 필수적이었죠. 이후 문명과 도시가 생기고 사회가 점차 복잡해지면서 협업 능력을 넘어서 리더십이 중요해지기 시작해요. 누군가는 이해관계가 다른 구성원들을 조율해 사회가 유지되도록 이끌어야 했으니까요. 사람들을 자기 편으로 만들어야 하기도 했고요. 따라서 협업과 리더십을 가능케 하는 지적 능력 또한 사회적으로 중요해집니다.

그럼에도 19세기까지는 대부분의 사람들이 육체노동으로 연명했기에 여전히 신체적 능력이 중요했습니다. 그런데 산업혁명을 기점으로 기계가 등장해 육체노동을 대체하기 시작합니다. 진정한 의미에서의 공장이 세워지고 육체노동이 자동화 및 대량생산되면서 상당히 많은 일자리가 사라졌어요. 그리고 20세기에 들어서면서 '사무실'이 등장합니다. 지금 우리가 사무실에서 하는 일을 중세인도 '일'이라고 생각할까요? 중세인에게 냉난방 되는 안락한 방에 앉아서 키보드 두드리는 건 일이 아닐 거예요. 하지만 우리에겐 분명히 일입니다. 결과적으로 인간의 능력은 육체노동을 중심으로 발휘되어오다가 기계가 인간의 육체노동을 대신하면서 지적 노동으로 옮겨간 거죠.

이제 새로이 등장하는 AI와 기계는 인간의 육체적 노동력이 아니라 지적 노동력을 대체할 텐데, 그럼 우리 인간은 어떤 능력으로 어떤 일을 해야 하는 걸까요? 지금 우리에게 가장 중요한 질문은 이것입니다.

**김혜연**　인간의 능력이 육체노동에서 시작해 점차 지적 노동 중심으로 변화해왔다면, AI의 능력은 지적 노동을 대체하는 것에서 출발해 인간의 육체를 대신하는 방향으로 발전해가고 있습니다. 생성형 AI에서 AI 에이전트, 피지컬 AI로 이어지는 흐름이 그러하지요.

**김대식**　맞습니다. 사실 생성형 AI 이전에 인식형 AI가 있었죠. 인식형 AI는 2012년에 개발되어 사회에 많은 변화를 일으켰지만 일자리에 결정적인 영향을 끼치진 못했습니다. 고양이와 강아지를 구별할 줄 알았고 안면 인식 시스템을 가능하게 만들었지만 그것만으로는 노동을 대신할 수 없었지요. 그러다 2022년, 챗GPT와 함께 생성형 AI가 등장했어요. 생성형 AI는 기존의 정보들을 취합해 새로운 정보를 생성해내는 인공지능입니다. 따라서 정보, 즉 데이터나 콘텐츠를 만들어내는 직군이 가장 직접적인 영향을 받았지요.

문제는, 이건 우리가 AI에 기대했던 바도 예상했던 바도 아니라는 사실입니다. 우리는 AI가 반복적인 단순노동을 가장 먼저 대신하고 창작과 창의성이 인간의 마지막 보루가 될 거라고 예측해왔어요. 하지만 아이러니하게도, 오늘날 AI로 인해 가장 위협받는 일자리는 창작자나 소프트웨어 개발자입니다. 그림을 그리고, 영상을 만들고, 글을 쓰거나 번역하고, 코드를 짜는 것 모두 무언가를 새로 만들어내는 일들이죠. 그나마 다행이라고 해야 할지, 생성형 AI는 그 기능이 콘텐츠와 데이터 생성에 머무릅니다. 하지만 AI 에이전트가 상용화하는 순간, 인류 사회 모든 영역의 노동시장이 완전히 변모할 겁니다. 목표만 설정되면 그 과정을 스스로 설계하고 액션을 취하는 AI 에이전트는 회계사, 마케터, 기획자 등 분야를 가리지 않고 인간의 업무를 폭넓게 대체할 수 있어요. 그렇게 되기까지 10년이 채 걸리지 않을 거라고 봅니다.

김혜연　생성형 AI는 이미 우리 일상의 많은 부분을 바꾸어놓았습니다. 앞서 언급한 창작뿐 아니라, 소통과 관련해서도 상당한 변화를 가져왔다고 생각합니다. 한국언론진흥재단 조사에 따르면, 우리나라 10대 청소년 중 67.6퍼센트가 매주 대화·생성형 AI를 이용한다고 하고, 이용 사유로 '다양한 정보의 빠른 습득'(74.2퍼센트) '빠르고 정확한 문제 해결'(54.8퍼센트) '조언 혹은 고민 상담 등의 소통'(34.4퍼센트) '단순 재미'(25.8퍼센트) 등 다양한 목적을 꼽았습니다. 사람끼리의 소통 목적과 별반 다를 바 없는 것이지요. 한국리서치의 또 다른 조사를 보니 우리나라 성인들 중 AI를 통해 개인적인 고민이나 심리적 어려움을 상담해본 사람이 설문 응답자의 11퍼센트로, 전문 상담사를 통한 심리상담 서비스 이용 경험이 있는 비율 16퍼센트와 큰 차이가 나지 않았다고 합니다. 이처럼 AI를 가장 친밀한 대화 상대로 삼는 사람들이 점차 많아지고 있고, AI와 대화하는 시간이 늘어나면서 상대적으로 인간과 대화하는 능력이 퇴화하는 것 같기도 합니다. 반대로 AI와 대화하고, AI에게 내가 바라는 것을 명확히 전달하는 능력은 갈수록 중요해질 테고요. AI 시대에 소통이라는 행위가 어떻게 바뀌어갈까요?

**김대식**　저는 AI와 나누는 대화가 사람과의 대화에 비해 분명한 장점이 있다고 생각합니다. 사람과 진지한 대화를 하려면 먼지 그만큼 가까운 관계를 맺어야 하고, 시간을 맞추고 약속을 잡아야 하며 대화의 균형도 고려해야 합니다. 내 이야기만 하고 자리를 뜰 수 없고 상대의 이야기도 함께 들어줘야 하죠. 무엇보다도 대화 내용이 비밀에 부쳐질지 확신하기 어렵습니다. 반면 AI와의 대화는 달라요. 내가 시간이 날 때 원하는 이야기를 충분히 하고, 필요하면 바로 대화를 끝낼 수 있습니다. 감정적인 부담도 없고 비밀이 유출될 가능성도 상대적으로 적어요.

그래서 제 개인적인 생각으로는, 당장은 아니더라도 앞으로 10년이나 20년쯤 뒤에는 '대화'라는 개념 자체가 두가지로 나뉠 것 같습니다. 사람과 나누는 대화인 '인간 대화'와 AI와 나누는 대화인 '기계 대화'로요. 두 대화가 서로 다른 목적과 역할을 갖게 되는 것이죠. 사람과는 일상을 영위하기 위한 피상적이고 관습적인 수준의 소통만 하고, 내면에서 우러나오는 깊고 진지한 대화는 기계와만 나눌 것 같아요. 인간의 뇌는 더 적은 노력과 위험을 들여 결과를 얻는 효율적인 방식을 택하며 진화해왔습니다. AI의 소통과 공감 능력은 계속 발전할 테고, 편리함과 안전함 면에서도 역시 우위일 테니 우리 뇌는 점차 AI와의 대화를 보다 선호하게 될 거예요. 사람과 심도 있는 대화를 나눴다고 하면 깜짝 놀랄 시대가 오는 거죠. 훗날의 역사학자가 '과거의 인간은 AI도 없이 어떻게 대화라는 걸 했을까' 하며 궁금해할지도 모릅니다.

**김혜연** 말씀해주신 대로 AI와의 대화는 친밀한 관계를 필요로 하지 않고 시공간의 제약에서도 자유롭다는 점에서 편리합니다. 그런데 한편으로 AI는 데이터를 기반으로 작동하기에 사용자의 프롬프트가 얼마나 명확한지에 따라 결과의 질이 달라지잖아요. 그렇다면 역설적으로 AI와의 좋은 대화를 위해서는 인간의 소통 능력이 훨씬 월등해져야 하는 게 아닐까요? 사용자가 일정 수준의 소통 능력을 가지고 대화에 임하지 않으면 벽에 대고 하는 혼잣말과 다름없을 테니까요. 결국 AI와의 대화는 기술의 문제가 아니라 질문거리를 얼마나 날카롭고 명료하게 세울 수 있느냐의 문제로 보입니다.

**김대식**　사실 인간의 소통 능력을 과대평가하면 안 됩니다. 우리 인간들끼리의 대화가 대단히 창의적이지는 않습니다. 이제껏 없던 언어로 완전히 새로운 내용의 대화를 나누는 경우는 없어요. 대부분 자신이 속한 언어적 관습 내에서 같은 방식의 이야기를 반복할 뿐이에요. 예를 들어, 한국에서 나고 자란 사람은 한국어로 대화를 해요. 주변 사람이 모두 한국어를 하니까 보고 들은 걸 바탕으로 대화하는 겁니다. 우리는 주변의 대화를 통해서 통사론(syntax), 문법(grammar), 음운론(phonology)에 대한 지식뿐 아니라 말하는 스타일, 사회·문화적인 배경 등에 대한 데이터를 자연스럽게 쌓습니다. 인간도 AI처럼 데이터 기반으로 대화한다고 볼 수 있는 거예요. 단, 인간은 그 사실을 인식할 수 있기 때문에 데이터의 한계를 자발적으로 벗어나려 하기도 하지요. 말하기 방식을 바꾸거나 새로운 언어를 배우려는 욕구처럼요.

**김혜연** 사람과의 대화가 늘 수월하기만 한 건 아닙니다. 그럼에도 사람과의 대화가 비교적 쉽다고 느껴질 때가 있는데, 비언어적인 소통이 가능한 덕분이에요. 상대의 표정이나 말투, 분위기만으로도 지금 어떤 감정 상태인지를 자연스럽게 파악할 수 있어요. 흔히 '말하지 않아도 안다'라고 하잖아요. 모든 정보를 말로 설명하지 않아도, 비언어적 요소가 언어와 함께 의미를 전달하기 때문인데요. 하지만 AI는 표정이나 분위기를 읽지 못하고 사용자의 언어 정보에만 반응합니다. 즉, 말해주지 않으면 알지 못해요.

**김대식** 그건 맞습니다. 인류학자 로빈 던바(Robin Dunbar)의 연구에 따르면, 사람들이 나누는 대화의 대부분은 정보 교환이 아니라 공감 교환이에요. 선생님께서도 저의 이야기에 고개를 끄덕이시잖아요. 고개를 끄덕이며 공감을 표현할수록 대화가 오래 지속됩니다. 만일 누군가 이야기하는데 상대방이 반응 없이 가만히 앉아만 있으면 대화가 계속될 수 없어요. 따라서 인간에게 대화란 정보가 아니라 공감을 교환하는 수단이라고 볼 수 있습니다.

한 분야의 연구 결과만으로 단정하긴 어렵지만, 뇌과학적으로 여성의 공감 능력이 더 뛰어납니다. 남성은 자신의 경험이나 기억을 바탕으로 상대의 이야기에 반응하는 경향이 있습니다. 그래서 군대나 축구 등 직접 경험해본 일은 곧잘 이해합니다. 그런데 자신의 기억 속에 없는 이야기, 예를 들어 아내가 시어머니와 겪은 갈등 같은 일에는 잘 공감하지 못해요. 직접 겪어본 적이 없기 때문입니다. 반면에 여성은 남성보다 거울 뉴런(mirror neuron)의 활동성이 강합니다. 거울 뉴런이란 자신이 직접 경험하지 않고 타인의 행동을 보거나 듣고만 있어도 그 행동을 할 때와 동일한 반응을 내는 신경세포입니다. 상대의 감정이나 행위를 마치 자신이 직접 겪는 것처럼 시뮬레이션하는 능력인 것이지요. 거울 뉴런은 언어 사용과의 연관성도 큽니다. 그래서 여성이 남성보다 공감도 표현도 훨씬 잘한다고 알려져 있어요.

이런 관점에서 보면, AI야말로 정말 공감 능력이 뛰어나지 않을까 싶은 겁니다. AI는 모든 사람과 사물의 시점에서 시뮬레이션할 수 있는 방대한 데이터를 갖추고 있잖아요. 직접 경험하지 않더라도 보고 듣는 것으로 공감하고 소통할 수 있다면, AI가 어떤 인간보다도 대화를 훌륭하게 해낼 수 있는 것이지요.

**김혜연**　언어를 구사하고 상대방과 소통하는 방식에 있어서 인간과 AI 사이에 애초부터 근본적인 차이가 없는 것일지도 모르겠네요. 미국 샌디에이고대학교의 최근 실험에서는 오픈 AI의 GPT-4.5가 인간과 구별할 수 없을 정도로 '인간답게' 대화했다고 합니다. 인간 질문자가 두명의 대화 상대(한명은 인간, 한명은 AI)와 텍스트로만 대화를 나눈 뒤 누가 인간인지 골라내는 튜링 테스트(Turing test)에서 GPT-4.5를 인간으로 고른 질문자가 73퍼센트에 달했다고 해요. 질문자들이 실제 인간보다 GPT-4.5를 더 인간답다고 판단한 것이죠.

대화와 소통에 있어서 인간은 점차 AI에게 자리를 내주게 되는 것일까요? AI 시대에 우리는 어떤 소통 자질을 갖춰야 할까요? 저는 이제 중요한 것은 단순히 말을 잘하는 능력보다 상대를 이해시키는 능력이 아닐까 합니다. 우리는 사람과 대화할 때도 상대에 따라 설명 방식을 바꿉니다. 아이에게 설명하듯 말할 때와 전문가끼리 토론할 때의 언어가 다르듯, AI와도 그 특성에 맞게 질문을 조정해야 합니다. 이는 단순한 사용법을 넘어 새로운 형태의 문해력, 이른바 'AI 문해력'이라고 할 수 있겠지요.

우리는 대개 AI에게 결과를 요구하는 한 문장만 던진 채 끝내곤 합니다. 그러면 우리가 기대한 맥락과 미묘하게 어긋난 답을 받게 되는 때가 더러 있어요. 여기서 중요한 것은 질문의 길이가 아니라 구조입니다. 내가 처한 상황의 배경과 전제를 먼저 공유하고 그 위에 질문을 얹을 때 대화의 질은 달라집니다. 좋은 질문이란 한번에 툭 던지는 문장이 아니라 사고를 단계적으로 전달하는 과정, 일종의 메타프롬프트(meta-prompt, 좋은 프롬프트의 기초가 되는 프롬프트 또는 그러한 프롬프트 끼리의 상호작용)에 가깝습니다.

결국 AI 시대의 소통 능력자는 말을 잘하는 사람이 아니라 어떻게 물어야 원하는 사고를 끌어낼 수 있는지 아는 사람일 것입니다. 그리고 AI가 만들어낸 여러 결과 중 무엇을 선택하고 자기 삶의 맥락 안으로 가져와 해석할지 결정하는 판단 능력까지 소통의 영역으로 들어올 것이라 생각해요. 즉, 앞으로의 소통은 '잘 말하는 것'이 아니라 '잘 묻고 잘 고르는 것'이리라 예상합니다.

# 판단력과 경험
## — 인간 능력의 최후 방어선

**김혜연** 이어서 창작에 대한 이야기도 해보고 싶습니다. AI로 텍스트, 이미지, 영상까지도 뚝딱 만들 수 있는 시대가 되었잖아요. 전문적 기술이 필요했던 분야에 누구나 쉽게 접근할 수 있게 되었다는 점에서 반가운 일이기도 하지만, 저 같은 창작자들은 위기감을 느끼기도 합니다. 또 누구나 창작을 할 수 있는 시대에 창작이라는 행위를 어떻게 이해해야 하나 고민되기도 하고요. 실생활에서도 AI로 만든 광고 영상들을 수두룩하게 목격할 수 있고, AI로 만든 영상물을 대상으로 한 국제 영화제도 열리고 있습니다. AI의 창작은 이제 인류의 일상 영역으로 들어왔다고 봐도 무방할 것 같습니다.

**김대식** 한편으로는 AI라는 도구가 어마어마한 기회를 주었다고도 볼 수 있어요. AI 덕분에 그림을 못 그려도 아이디어만 있으면 만화책을 만들 수 있고, 글을 써본 적 없어도 소설을 쓸 수 있고, 카메라 없이도 영상을 만들 수 있습니다. 누구나 창작을 할 수 있게 됐어요. 하지만 그 모두가 창작으로 먹고살 수 있을까요? 그러긴 어려울 거예요.

말씀해주셨듯 AI가 점차 소통, 창작 등 인간의 능력을 침범해오고 있는 상황이에요. 이 상황에서 저는 인간과 인간, 업종과 업종, 능력과 능력의 경계를 무너뜨려야 한다고 생각합니다. 지금까지는 능력과 포지션이 일대일로 대응했어요. 파일럿은 비행기를 조종하는 사람이에요. 기획자는 프로젝트를 기획하는 사람이고, 개발자는 코드를 개발하는 사람입니다. 그런데 이제 AI가 개발도 디자인도 하기 시작했잖아요. 그러면 기획자와 디자이너와 개발자 사이의 능력 차가 사라질 수도 있어요. 기획자가 AI를 사용해 개발도 디자인도 할 수 있으니까요. 이제 능력과 포지션이 완벽하게 일대일로 대응하는 시대는 아닌 것 같아요. 능력 간, 포지션 간 경계를 뛰어넘을 수 있는 사람이 지금 가장 필요하지 않을까 싶습니다.

**김혜연**　역할과 직업, 그리고 능력의 경계가 점차 허물어지는 상황일수록 오히려 판단력의 중요성은 더욱 커지는 것 같습니다. 이미 자율주행 자동차처럼 AI의 판단에 기반해 작동하는 시스템이 현실에 등장했고, 의료 진단이나 법률 자문과 같은 영역에서도 AI가 활용되고 있습니다. 하지만 최종적인 판단까지 AI에게 전적으로 맡길 수 있는지에 대해서는 여전히 확신할 수 없습니다. 앞으로 인간의 주체성은 AI의 판단과 어떤 방식으로 결합되어야 할까요?

**김대식** 정말 중요한 질문입니다. 판단력에 대해서 이야기해볼까요? AI는 인간과 비교할 수 없을 만큼 빠른 속도로 귀여운 고양이 그림 500개를 그려낼 수 있습니다. 하지만 그중 어떤 그림을 고를지는 인간이 결정해야겠죠. 즉, 판단하고 선택하고 결정하는 능력이 마지막까지 인간의 영역으로 남는 겁니다. 저는 이 판단 능력이 인간의 능력 중 가장 높은 수준이라고 생각해요. 우리는 이를 안목(眼目)이라고도 부릅니다. 안목은 어떻게 생겨날까요? 저는 안목이란 다양한 경험이 축적된 결과물이라고 생각합니다. 예를 들어, 모범생으로 성실히 공부한 사람이라고 해도 공부 외의 경험이 충분하지 않으면 안목을 갖출 수 없습니다. 반대로 애플의 창업자였던 스티브 잡스의 경우 공부를 열심히 하지는 않았지만 무엇이 좋은 디자인인지,

더 나은 경영적 선택인지 알아보는 안목을 가졌었죠.

제 경험에 비추어보면 '좋은 것을 고를 수 있는 눈'은 단기간의 학습으로 생기기보다는 많은 경험을 통해 서서히 형성되는 것 같습니다. 수많은 책을 읽고, 여러 나라를 여행하고, 다양한 삶과 문화를 접하다보면 인간의 뇌는 자연스럽게 서로를 비교하고 구분하는 능력을 키우게 됩니다. 비교의 축적이 판단의 기준을 만드는 것이지요. 또 타인의 삶을 간접적으로 경험하는 것도 중요합니다. 그 대표적인 수단이 소설이에요. 소설을 읽으며 다른 사람의 삶을 한번 살아보는 일 또한 안목을 기르는 데 분명히 도움이 돼요.

이렇게 생각해볼 수도 있어요. 만약 누군가가 평생 한 지역에서만 살며 다른 사람이나 문화 또는 삶을 거의 접하지 못했다면, 그에게 '이중 가장 좋은 디자인 하나를 골라보라'고 했을 때 과연 선택할 수 있을까요? 쉽지 않을 거예요. 선택의 기준 자체가 형성되지 않았기 때문입니다. 결국 AI 시대에 가장 중요한 능력이 판단력이라고 한다면, 그를 뒷받침할 폭넓은 경험이 반드시 필요합니다.


**김혜연**  AI 시대에 가장 중요한 능력이 판단력이라고 말씀해주셨는데요. 사실 지금 AI가 판단하고 결정을 내리는 경우도 많아지고 있습니다. 자율주행 자동차는 이미 상용화 단계에 진입했고, 미국 전기차 업체 테슬라의 CEO 일론 머스크는 의사도 3년 내에 AI와 로봇에 의해 대체될 것이라고 발언해 사람들을 놀라게 했습니다. 의사야말로 경험이 중요한 직업인데, 인간은 그 경험을 쌓기 위해 많은 비용과 오랜 시간이 필요한 반면 AI는 공유 메모리를 통해 가능한 모든 의료적 변수를 빠르게 경험하고 계산할 수 있을 것이라고 하더군요. 인간에게 무엇보다 중요한 능력으로서 짚어주셨던 경험과 판단마저 AI가 더 유능하게 해내고 있는 건 아닐까요?

**김대식**  사실 객관적인 정답이 있는 경우는 AI에게 판단을 맡기는 게 더 합리적일 수도 있어요. 예를 들어, 2 더하기 2가 4인지 5인지를 판단하거나 가장 연비가 좋은 자동차는 무엇인지 고르는 건 AI가 훨씬 잘하겠죠. 의료적 판단도 어느 정도 해답지가 정해진 상황 안에서는 AI가 더 '효율적인' 결정을 내릴 수도 있습니다.

하지만 제가 지금까지 이야기한 인간의 판단 능력은 그런 종류의 것이 아니에요. 인간의 안목과 판단은 정답이 없는 상

황에서 발휘됩니다. 이를테면 패션 디자인에 정답이 어디 있겠
어요? 매년 누군가가 개인의 감각과 경험, 그리고 사회적 흐름
을 종합해 '올해는 이것이다'라고 판단을 내릴 뿐입니다.

**김혜연** 사실 저는 인간이 결정과 판단을 전적으로 AI에
게 맡겼을 때 어떤 일이 벌어질지 궁금합니다. 예를 들어, 자율
주행 자동차가 주행 중 장애물을 맞닥뜨렸을 때 AI의 판단에
따라 움직이게 된다면 과연 '합리적'이라고 할 수 있을까요?
그렇게 인간이 AI에게 결정권을 넘겨주었을 때 인간의 주체성
은 어디서 찾을 수 있는 걸까요?

**김대식** 아주 중요한 문제입니다. 관련 논문도 꽤 있고요.
자율주행 자동차도 기계이니 언제든 고장 날 수 있습니다. 예
를 들어 브레이크가 고장 났다고 칩시다. 차가 시속 100킬로미
터로 달리는데 멈출 수가 없어요. 그런데 눈앞에 사람이 보입
니다. 그 사람을 피하려고 핸들을 왼쪽으로 꺾으려는 순간, 그
쪽에도 사람이 서 있는 게 보여요. 다른 방향으로는 움직일 수
없어요. 결국 둘 중 한 사람이 다치거나 죽을 수밖에 없는 상황
입니다. 이때 운전자가 인간이라면 그 순간에 정확한 판단을

내릴 수 없을 거예요. 어쩔 수 없이 직진하거나 핸들을 꺾겠죠. 그런데 AI는 그 짧은 순간에도 정해진 기준에 따라 빠르게 판단을 내릴 수 있습니다. 그럼 그 판단은 어떤 기준으로 이루어질까요?

크게 보면 두가지 방식이 있습니다. 첫번째는 어떤 인간이 더 중요한지에 대해 사회가 합의한 도덕적 규칙을 AI에 미리 프로그래밍하는 겁니다. 어떻게 보면 굉장히 위험하고 문제적인 방식이죠. 모든 인간은 소중한데, 그중 누가 더 살릴 만한 가치가 있다고 합의할 수는 없어요. 빈자 대신 부자를 살리고, 노인 대신 아이를 살리는 게 과연 옳을까요? 물론 위급상황 시 노인과 여자와 어린아이를 먼저 구해야 한다는 사회적 인식은 있지만, 이를 AI에 공식적으로 프로그래밍하는 건 다른 차원의 문제입니다.

두번째로는 무작위로 선택하게 하는 방법이 있습니다. 누구를 살릴지 주사위를 던져 정하듯 무작위로 결정하게 하는 거예요. 말 그대로 어쩔 수가 없으니까요. 절대적으로 공정하긴 하겠지만, 이 방식 역시 결코 최선이라고 할 수는 없습니다.

사실 우리 사회에도 사람을 살리는 기준이 존재하긴 합니다. 의학에 트리아지(triage)라는 개념이 있어요. 환자 중증도

분류 체계로, 응급상황 시 치료의 우선순위를 정하기 위해 만들어졌습니다. 대형 사고가 나서 환자 수백명이 병원에 이송되었을 때, 이 기준에 따라 누구를 먼저 치료할지 정합니다. 트리아지는 19세기 나폴레옹 황제 시기 프랑스에서 도입된 개념으로 알려졌지만, 그전부터 인류가 수많은 전쟁과 응급상황을 맞닥뜨리고 그에 관해 논의해온 경험이 쌓여 구축된 체계입니다.

트리아지는 비상시 한정된 자원을 어떻게 배분할 것인지의 문제를 다룬다는 점에서 사회적 합의의 한 모델로 참고할 만하지요. 사망 가능성, 치료 효과, 환자의 잔여 수명, 윤리 및 종교와 같이 인간 존엄성과 관련되면서도 때로는 서로 충돌하는 목표 간의 균형을 맞춰야 하거든요. 결국 인간의 주체성은 이 균형과 합의를 찾아가는 과정에서 발견할 수 있지 않을까요? 앞서 AI 시대의 개인들에게는 사회의 흐름을 읽어낼 줄 아는 감각의 경험이 필요하다고 했다면, AI 시대의 사회에는 다원적이고 상충하는 가치들에 관해 구성원들이 서로 토론하고 숙의하는 경험이 무엇보다 요구된다고 할 수 있겠습니다.

## 스토리텔링과 피지컬리티
## — 당신의 직업을 지켜줄 가치

**김혜연**　인간의 능력이 AI로 대체되고 있는 이 시점에서 결국 '직업'에 관한 이야기를 하지 않을 수 없습니다. 앞서 AI 에이전트가 본격적으로 상용화되면, 생성형 AI와는 비교할 수 없을 만큼 노동시장에 파장이 클 것이라고 말씀하셨는데요. AI 에이전트의 상용화 시기는 언제쯤 그리고 어떤 영역에서 시작될까요?

**김대식**　AI 에이전트가 '다음 주 수요일부터 상용화될 것'이라는 식으로 단언할 수는 없습니다. 누군가는 2025년 11월 공개된 구글의 제미나이 3가 이미 AGI 수준에 이르렀다고 주장하기도 하는데, 저는 그에 동의하지는 않지만 성능이 정말 좋아지긴 했더라고요. AI 에이전트의 상용화가 머지 않았다고 느낄 만큼이요.

챗GPT의 등장은 역사적으로 예외적인 사례입니다. 우리는 챗GPT가 언제 등장했는지 분명하게 말할 수 있어요. 2022년 11월 30일, 이 날짜는 훗날 역사 교과서에 AI가 등장한 시점이라고 기록될지도 모릅니다. 하지만 AI 에이전트는 달라요. AI 에이전트는 어느날 하늘에서 뚝 떨어지는 것이 아니고 서서히 우리의 일상에 스며들 겁니다. 누군가는 AI 에이전트의 시작점을 2026년으로 보기도 하지만, 특정 연도에 AI 에이전트가 등장할 거라고 단정할 수는 없습니다.

다만 AI 에이전트가 어느 영역부터 영향력을 끼칠지는 가늠해볼 수 있습니다. 에이전시(agency)라는 영어 표현을 떠올리면 쉬워요. 에이전시는 어떤 일을 대행하거나 주선해주는 곳이잖아요. 예를 들어 여행사는 영어로 '트래블 에이전시'(travel agency)이죠. 이렇게 에이전시라고 부를 수 있는 직군은 이론적으로 모두 AI 에이전트에 의해 대체될 수 있습니다. 여행사, 기획사, 소속사, 대행사 같은 곳들이요.

**김혜연**　생성형 AI가 한 업종 내에서 역할의 경계를 흐리고 있다면, AI 에이전트는 하나의 업 자체를 완전히 사라지게 할 수도 있다는 말씀이네요.

**김대식** 그렇죠. 공급과 수요 사이에서 그 둘을 조율하는 업종이 위태로울 거예요. 여행사로 예를 들어볼까요? 여행사는 항공사나 숙박업소 같은 서비스 제공자와 소비자 사이에서 다리 역할을 합니다. 사실 소비자는 항공권이나 숙소를 직접 예약할 수도 있어요. 다만 그 과정이 번거롭기 때문에 여행사라는 중개자가 등장한 겁니다. 특히 단체 여행처럼 인원이 많아지고 일정이 복잡할수록 항공권과 숙소를 조율하는 일은 큰 부담이 되기 때문에 여행사가 필요한 것이죠.

그런데 3~4년쯤 후에는 그 모든 걸 여행사에 맡기지 않아도 AI 에이전트가 대신해줄 거예요. 단체여행 인원이 50명이라고 하더라도 그 인원의 정보만 제대로 입력하면 항공권과 숙소 가격을 비교하고 예약하는 데 10분도 채 걸리지 않을 겁니다. 그러면 여행사는 앞으로 어떤 역할을 할 수 있을지 진지하게 고민을 해봐야죠. 지금까지처럼 전통적인 '대행'에만 초점을 맞추면 미래가 없을 거예요. 여행사의 역할이 달라져야 합니다. 저는 미래의 여행사가 스토리텔링(storytelling)에 집중하면 좋을 것 같아요. 섬세한 여행지 큐레이션을 통해 여행 경험을 질적으로 높이고 여행에서 쌓은 추억을 아카이빙하고 관리해주는 역할까지도 하는 거예요.

　여행사뿐 아니라 우리가 에이전시라고 부를 수 있는 모든 업종은 전통적인 중개자로서 수수료를 받는 방식만으로는 존속하기 힘들 겁니다. 배달 플랫폼, 신용카드사나 결제 대행사, 부동산 공인중개사 등의 중개업종이 AI 에이전트를 앞세운 P2P(peer to peer, 중개 서버를 거치지 않고 당사자끼리 직접 통신하는 방식) 거래에 밀려날 것으로 보여요. 당장 완전히 대체될 거라고 보긴 어렵지만, 이론적으로 역할이 점차 축소되거나 결국 사라지게 될 가능성이 큽니다.

　반면 인공지능으로 구현이 가능하다고 해서 즉시 대체될 수 없는 역할이나 직업도 있습니다. 우선은 물질적 실체가 반드시 필요한 일은 인공지능에 의해 바로 대체될 수 없어요. 진정한 피지컬 AI가 등장하기 전까지 공장 노동자는 존재할 겁니다. 하지만 물질적 실체와 연관이 적은 일, 즉 콘텐츠 제작, 소프트웨어 개발, 창작 같은 일은 이미 위협받고 있죠. 그리고 설령 인공지능이 물질적 실체를 갖춘다 하더라도 강력한 규제로 인해 쉬이 대체될 수 없는 영역도 있어요. 예를 들어, 의료나 금융 분야는 규제 때문에 인공지능이 깊숙이 개입하기 어렵습니다. 마지막으로, 규제가 없더라도 인간성을 유지하려는 사회적

분위기가 강하게 존재하는 영역도 있습니다. 예를 들어, 신부님은 AI가 대체할 수 없을 겁니다. 기술적으로 가능하고 법적 규제가 없다 하더라도 사회적으로 용인하지 않을 것 같아요. 그래서 AI 시대의 능력과 일자리 문제를 논의할 때는 해당 능력이 기술적으로 구현 가능한지 여부뿐 아니라 규제가 적용되는 비즈니스인지, AI의 개입을 사회적으로 용인하는 영역인지 함께 고려해야 합니다.

**김혜연**　지금까지 말씀해주신 내용을 듣다보니, AI 시대에는 실체가 없는 것보다 실체가 있는 것이 더 오래 살아남을 수 있다는 생각이 듭니다. 다만 여기서 말하는 실체, 즉 몸은 단순한 물리적 신체라기보다 감각과 감정, 생각처럼 경험과 이야기를 만들어내는 영역까지 포함된 것일 터입니다. 그렇다면 앞으로는 추상적인 생산, 중개 등의 활동보다 오히려 실질적인 '몸의 경험'을 어떻게 확장하고 가치화할 것인가에 더 많은 관심이 옮겨가지 않을까요?

**김대식**　그럴 수 있을 것 같아요. 예술 분야에서도 AI가 가장 먼저 진입 가능한 분야는 미디어 아트라고 생각합니다. 이미 AI는 상당히 높은 완성도로 영상과 음악을 만들어내고 있고, 대부분의 사람들이 인간의 창작물과 기계의 창작물을 구별하지 못해요. 몇년 뒤 AI 에이전트가 아티스트의 기획과 작업 과정까지 학습하게 되면, '작품'이라고 할 만한 미디어 아트 생산을 혼자서 해낼 수 있지 않을까요? 상대가 인간인지 인공지능인지 모른 채 대화를 진행하는 튜링 테스트처럼 언젠가는 창작자가 인간인지 기계인지 밝히지 않고 오로지 작품만으로 평가하는 '베니스 비엔날레 테스트'라는 걸 만들어볼 수도 있겠지요. 만일 그 심사에서 AI의 작품이 최고상을 받는다면 그 자체로 굉장한 논쟁거리가 될 거예요. 그런 미래가 분명히 도래할 겁니다.

반면 무용 예술은 AI가 대체하기 어려운 분야라고 봅니다. 무용에는 무엇보다 인간의 몸이 필요해요. 우리가 무용에서 보고 싶은 것은 인간의 몸이 지닌 느낌, 바로 그 피지컬리티(physicality)입니다. 이미 중국에서는 무용을 하는 로봇이 만들어졌지만 누구도 그 움직임이 예술적이라고 생각하지 않아요. 훗날 로봇이 현대무용을 정말 정교하고 훌륭하게 흉내 낸다 하더라도 인정받지 못할 거예요. 왜냐하면 기계의 움직임에는 사실상 한계가 없고, 그래서 놀랍지 않기 때문입니다. 마치

스포츠카가 100미터를 3초 만에 주파하는 게 하나도 놀랍지 않은 것처럼요. 애초에 빠르게 달리도록 만들어진 자동차가 빠르게 달리는 게 어떤 감동을 줄 수 있을까요? 우리는 인간의 몸으로 얼마나 빨리 달릴 수 있는지를 보고 싶은 겁니다. 무용도 마찬가지입니다. 인간의 몸이라는 한계 속에서 만들어내는 움직임이 감동을 주는 거예요. 그러니 움직임에 어떤 한계도 없는 로봇이 인간과 경쟁하는 건 본질적으로 무의미합니다. AI가 아무리 고도화되더라도 인간의 몸이 가진 고유한 가치는 보호받을 수 있다고 봅니다.

**김혜연**　AI가 인간의 능력 전반을 대체하게 될 때, 오히려 중요해지는 것은 인간으로서 필연적으로 지니는 신체적 한계라는 점이 아이러니하게 다가옵니다. AI 에이전트가 등장한 이후 노동 자체가 맞이하게 될 미래에 대해서도 이야기 나누어보면 좋겠습니다. 인간에게 노동은 불필요해지고 여가와 놀이만 남을 것이라는 낙관적 전망도 있는데요, 과연 그런 유토피아가 실현 가능할까요?

**김대식**　예전에 저는 인간이 노동하지 않고도 먹고살 수 있다면 대부분의 시간을 놀이와 엔터테인먼트에 쓰게 될 거라고 생각했어요. 그런데 지금에 와서는 오히려 놀이에 몰두하기보다는 '일하는 척'을 하게 될 가능성이 높다고 봅니다. 아무것도 생산해내지 않는 형식상의 일을 하는 거죠. 그런 일을 도대체 왜 하느냐? 일 그 자체에 즐거움이 존재하기 때문입니다. 그 즐거움은 개인적으로 세가지 정도를 꼽을 수 있을 것 같아요. 주어진 목표를 달성하는 즐거움, 조직에서 승진하는 즐거움, 동료들과 상사를 뒷담화하는 즐거움. 결국 모두 회사라는 조직 안에서만 느낄 수 있는 '사회적인 즐거움'입니다. 일방향적인 놀이와 엔터테인먼트에서는 찾을 수 없는 가치이죠.

실리콘밸리의 빅테크 기업들은 AI로 인해 노동이 위태로워지면 직접 기본소득을 지급하겠다고 말합니다. 하지만 일에서 얻는 즐거움을 고려하면, 오히려 국가에서 '가짜 회사'를 만들어 형식적인 일자리를 제공할 수도 있을 것 같아요. 예를 들어, 프랑스에는 6개월 이상의 장기 실업자들이 꽤 많은 편입니다. 그리고 이들이 받는 실업급여의 액수가 적지 않아요. 기존 월급의 50~60퍼센트가량 수령하는데, 얼추 먹고는 살 수 있을 정도입니다. 그럼에도 많은 실업자가 우울증과 알코올중독을 겪습니다. 노는 것도 하루이틀이지, 아침에 일어나서 나갈 데도 없고 목표도 없는 상태가 사람을 우울하게 만드는 거죠.

그래서 국가가 가짜 회사를 만들어 실업자들을 고용하고 그들에게 실업급여를 월급의 형태로 지급하게 되지 않을까 예상해봅니다. 그 회사도 여느 회사처럼 부서와 업무가 있어요. 사람들은 출근하면 컴퓨터를 켜고 할 일을 합니다. 물론 실제로 의미 있는 일이 들어오는 것도 아니고 밖으로 나가는 결과물도 없어요. 그 안에서만 정보가 순환할 뿐이죠. 그렇지만 승진도 있고 점심시간도 있습니다. 사람들은 일을 하다가 때가 되면 점심을 먹으러 가고 짬을 내어 담배를 피우거나 커피 브레이크를 가지며 잠깐의 여유와 즐거움을 누립니다. 형식적인 일을 하지만 아무것도 생산해내지 않는 거죠. 생산은 AI가 전담하고 인간의 노동은 프랑스 철학에서 이야기하는 시뮬라크르(simulacre), 다시 말해 AI의 노동을 모방하는 가짜가 되는 셈입니다.

**김혜연** 가짜 회사 개념과 결이 다르기는 하지만, 코로나 19 팬데믹 당시 재택근무나 원격근무가 사회 전반에 확산하면서 일의 방식과 그 의미에 관해 다시금 생각해보는 계기가 되기도 했었죠.

**김대식** 팬데믹 때 기업들이 깨달은 바가 있어요. 사람들이 출근하지 않아도 회사가 망하지 않는다는 것. 그리고 실질적으로 일을 많이 하지 않아도 회사 운영에 문제가 없다는 것. 해도 그만, 안 해도 그만인 일을 하는 데에 시간과 자원을 과하게 할애하고 있던 건 아닌지 되돌아보게 된 것입니다.

**김혜연** 최근에 뉴스에서 'AI 버블'이라는 표현이 자주 등장하잖아요. 그런데 어떻게 보면, 마찬가지로 인간의 역할이 과대평가되어왔던 것도 같습니다. '인간 버블'의 시대였던 거죠. 지금 우리는 AI의 등장으로 인해 '인간 버블'이 서서히 꺼져가는 시기를 지나고 있는 건 아닐까요?

**김대식** 그럴 수도 있겠죠. 중세의 인간에게 우리가 하는 일은 노동이 아니에요. 눈비가 와도 젖지 않고 냉난방 되는 실내에 앉아 있다가 점심 먹고 다시 조금 앉아 있다가 커피 마시러 다녀오고…. 하루 10시간 넘게 무거운 돌을 뼈가 빠지도록 들었다 내렸을 중세의 인간에게 오늘날 사무직의 업무는 노동으로 보이지 않겠죠. 일과 노동의 개념이 정말 극적으로 변화했어요. 예를 들어, 인플루언서라는 직업은 불과 10년 전만 해도 없었어요. 그런데 이제 엄연한 직업입니다. 마케터, PR 매니저, 노무관리 모두 현대에 새로 생겨난 직군이에요. 인공지능 시대에도 새로운 일자리가 어마어마하게 생겨날 겁니다. 하지만 우리는 '전통적인' 관점에서 그 일을 노동으로 인정하지 않을 거예요. 중세의 인간이 우리의 일을 인정하지 않는 것처럼요. 과거의 관점에서 보면 우리는 항상 인간 버블, 노동 버블에 살고 있는 거죠.

**김혜연**　2026년 CES를 기점으로 피지컬 AI에 대한 전세계적 관심과 기대가 폭발했습니다. AI가 몸을 얻은 미래에 대해 AI가 노동을 대신하고 인간은 더욱 창의적으로 살아가는 유토피아를 그리는 낙관이 존재하는 한편, 인간의 역할을 백지상태에서 다시 사유해야 할 시점이 도래했다고 보는 신중론도 있습니다.

**김대식**　머지않은 미래에 대부분의 제조업에서 로봇이 일할 거예요. 10년 후에 로봇이 자동차 공장에서 인간과 함께 일할 것이고, 20년 후에는 로봇이 단독으로 차를 조립할 겁니다. 그 이후에는 제조업 생산과정의 대부분을 로봇이 도맡을 테고요. 그런데 공장에만 휴머노이드 로봇이나 피지컬 AI가 필요한 게 아닙니다. 아무리 늦어도 10년 후에는 가정에도 휴머노이드

도우미가 있을 거예요. 한국은 저출생 문제가 심각해서 휴머노이드 없이는 사회 자체가 지속 불가능할지도 모릅니다. 조금 더 먼 미래에는 우리가 횡단보도 앞에서 신호가 바뀌길 기다릴 때 바로 옆에서 휴머노이드 배달원이 택배를 들고 서 있는 날이 오겠죠. 즉, 어떤 공간적 제약도 없이 인간과 피지컬 AI가 함께 공존하는 미래가 기술적으로 가능해지고 있는 겁니다.

**김혜연** 최근 로봇공학자 한재권 교수님이 안무가를 비롯해 몸을 움직이는 직업이 피지컬 AI 시대에 제일 유망한 직종 중 하나가 될 거라고 이야기하신 바를 들었습니다. 앞으로는 로봇이 단순히 데이터값에 따라 움직이는 수준을 넘어 얼마나 섬세하고 정교하게 움직이는지가 더 중요해지고, 그런 움직임을 가능케 하는 모션 조절 능력의 개발이 핵심 과제가 될 텐데요, 그렇다면 몸을 잘 쓰는 인간의 데이터를 수집하기 위한 프로세스 또한 만들어질 것 같습니다. 예를 들어, 제조 공장 기술자들의 움직임을 데이터화하는 과정이 생겨나겠죠.

**김대식** 맞습니다. 최근의 인공지능은 절대적으로 데이터에 기반해 작동합니다. 그 데이터는 대부분 지금까지 인터넷에 축적되어온 정보예요. 인터넷에 온갖 글과 사진과 영상이 있잖아요. 그 데이터를 바탕으로 챗GPT도, 달리(DALL·E)도, 비오 3도 작동하는 겁니다. 그런데 현재 인터넷에는 진정한 의미에서의 피지컬 AI를 가능하게 하는 움직임 데이터가 부족해요. 물병을 들어 올리는 것 같은 단순한 움직임은 수식으로 구현할 수 있겠지만, 피지컬 AI를 제조업에 활용하려면 자동차를 조립하고 배를 용접하고 마스크를 만드는 움직임과 관련한 막대한 데이터가 필요해요. 로봇 전문가들은 인간 행동의 종류가 2,000만가지에 이른다고 말합니다. 상상을 초월하죠.

그런 의미에서 피지컬 AI 시대에 한국이 굉장히 주목받을 수 있다고 생각합니다. 전세계 선진국 중 아직까지 자국에서 종이빨대부터 항공기까지 만드는 나라는 많지 않아요. 대부분 중국에 단순 제조업을 넘겼죠. 예를 들어, 팬데믹 당시 유럽과 미국에는 마스크를 만드는 공장이 너무 부족했기 때문에 중국에서 마스크를 수입하느라 난리가 났었어요. 그런데 한국은 자국의 공장에서 마스크를 일주일 만에 약 1억개를 만들었습니다. 컴퓨터와 반도체를 만드는 나라가 여전히 신발도 마스크도 종이빨대도 만든다는 건 아주 특별한 일입니다. 피지컬 AI 시대에는 더 축복이라고 보는 시각도 있어요. 공장에서 일하는 사람들, 종이빨대를 만드는 액션을 취할 수 있는 노동자들이 아직까지 존재한다는 뜻이니까요. 최근에는 그들이 은퇴하기 전에 그들의 손맛과 테크닉을 서둘러 수집해서 한국의 피지컬 AI 개발에 활용해야 한다는 이야기도 나오고 있습니다.

실리콘밸리의 빅테크 CEO들이 할 일 없이 한국에 와서 치킨 먹고, 이유 없이 SNS에 태극기를 내걸며 한국 엔지니어들을 모집하는 게 아닙니다. 분명한 목적이 있습니다. 지금 실리콘밸리의 CEO들에게 가장 시급한 건 바로 제조업 액션 데이터입니다. 나사를 어떻게 조이고 자동차를 어떻게 조립하는지와 같은 데이터는 제조 현장이 실재하는 국가에서만 얻을 수 있어요. 그리고 현재 전세계에서 하이테크부터 로우테크까지 제조업 생태계가 살아 있는 나라는 한국과 중국밖에 없습니다. 그런데 중국과 정치적 대립으로 협업이 어려울 경우 한국이 유일한 선택지로 떠오르는 거죠. 이런 이유로 누군가는 피지컬 AI 시대에 한국이 매우 유리한 위치를 점할 것이라고 낙관하기도 합니다.

**김혜연** 다종다양한 제조업 액션 데이터를 가진 한국만의 고유성이 있는 거네요.

**김대식**　네. 제조 현장에서 몇십년간 몸을 쓰며 단련된 장인들이 아직까지 곳곳에 남아 있다는 건 상상을 초월한 자원인 거죠. K컬처를 넘어서 'K몸'이라고 볼 수 있을 것 같습니다.

**김혜연**　그런데 인간의 움직임 데이터까지 피지컬 AI가 체득하게 된다면, 그때야말로 인간 능력의 모든 영역을 인공지능이 대체하게 되는 것 아닐까요? 쉽게 데이터화할 수 있는 노동은 결국 AI가 더 효율적으로 수행할 날이 올 테니까요. 그렇다면 흔하디흔한 빅데이터로서 존재할 수 없는, 특정 분야에 전문화된 지식과 깊이 있는 이해를 지닌 사람만이 피지컬 AI 시대에 살아남겠다는 생각이 듭니다.

**김대식**　정말 중요한 지적입니다. 인공지능 시대는 '슈퍼스타 경제 사회' 또는 '장인의 시대'라고 이야기할 수 있습니다. 어떤 분야든 상관없이 그 분야에서 얼마나 탁월한지가 중요해질 거예요. 예를 들어, 전국의 초등학생에게 코딩을 가르친다고 가정해봅시다. 그렇다고 모두가 코딩으로 먹고살 수는 없어요. 그중 10퍼센트 정도만 가능하겠죠. 나머지 90퍼센트는 코딩에 재능이 없거나 관심이 없거나 하기 싫어할 거예요. 우리에게 주어진 시간은 길지 않으니 하기 싫은 공부를 할 시간에 다른 일을 하는 게 더 나을 수 있어요. 차라리 줄넘기를 열심히 해서 줄넘기 장인이 되어 틱톡커로 유명해질 수도 있겠죠. 다시 말해, 이제는 아무리 유망한 직업을 가지더라도 애매한 수준으로는 생계를 유지하기 어렵고 어떤 분야든 장인의 수준에는 이르러야 그 일로 먹고살 수 있다는 겁니다.

어떤 일이든 정말 잘해야만 살아남을 수 있다는 건데, '잘' 하려면 어떻게 해야 할까요? 답은 단 하나입니다. 내가 원하는 일을 해야 해요. 내가 정말 원하는 일, 정말 하고 싶은 일이 무엇인지 진지하고 치열하게 고민해야 합니다. 장인은 거창한 것이 아닙니다. 줄넘기 장인, 설거지 장인, 돗자리 만드는 장인도 될 수 있어요. 정말 내가 원하는 일이 무엇인지 고민한 끝에 그 일에 시간과 돈과 노력을 들여야 해요.

**김혜연** 장인은 곧 예술가라고도 볼 수 있겠습니다. 득도를 향한 일련의 숙련 과정을 거쳐야만 비로소 도달할 수 있는 것이고, 그 과정에는 절대적인 시간이 필요합니다. 하지만 그렇게 오랜 시간 하나의 일에만 온전히 몰두하는 게 행복하고 쉽지만은 않잖아요. 그 외롭고 지난한 과정을 버틸 수 있게 해 주는 힘은 결국 내가 이 일을 원하고 좋아해서 선택했다는 자부심일 테고요. 그러니 말씀대로 어떤 일을 왜 하고 싶은지 더 치열하게 고민해야 하겠습니다. 하지만 우리 현실에서는 일찍부터 천편일률적 교육을 받고 자본의 논리에 둘러싸여 내가 무엇을 왜 진정으로 원하는지, 내가 원하는 일을 지속하기 위해서 어떻게 해야 하는지에 대해서는 전혀 학습하지 못합니다. '일'에 관해 고민하고 배울 환경이 마련되어 있지 않은 것이죠. 안타까운 점입니다.

**김대식**　그래서인지 장인과 더불어 '견습생'이라는 개념 또한 다시 주목받고 있어요. 최근 인공지능의 발달로 기업들이 점차 신규 인력을 채용하지 않고 있습니다. AI가 초급 인력의 업무 정도는 대신할 수 있게 되면서, 이제 막 현업에 진입하려는 청년들은 경험과 경력을 쌓을 기회조차 갖지 못하게 된 겁니다. 그런데 역사적으로 보면, 실무 경험이 없는 인력을 회사에서 교육시키고 급여까지 지급하기 시작한 지는 채 100년도 되지 않았습니다. 중세시대에는 견습생이라는 신분이 있었어요. 기술을 배우고 경험을 쌓고 싶으면 견습생의 신분으로 장인에게 수업료를 지불하고 그 아래에서 일했습니다. 이런 맥락에서 최근에는 기업이 신규 채용을 꺼리는 현실을 고려해 차라리 직원이 회사에 비용을 지불하는 견습 제도를 재도입하되, 그 비용을 국가가 부담하자는 방안도 논의되고 있어요. 이런 방법도 나쁘진 않을 것 같습니다. 능력과 경험이 부족한 신입 인력에 대한 기업의 인건비 부담을 줄이는 동시에 청년들에게는 경력과 자기탐색의 기회를 제공하는 것이니까요. 사실 예술계에서는 여전히 익숙한 방식 아닌가요? 영화감독도 거장 감독 밑에서 FD, 조감독을 거쳐 십수년을 일한 뒤에야 데뷔할 수 있잖아요. 이게 일종의 견습 제도죠.

**김혜연**　무용에서는 한걸음을 자연스럽게 걷기까지도 오랜 반복이 필요하다고 말합니다. 몸의 감각은 지식처럼 한순간에 전달되는 것이 아니라 시간을 천천히 통과하며 체득되기 때문이죠. 그렇다면 무엇이든 즉각 만들어낼 수 있는 AI 시대에 오히려 시간을 들여야만 빚어낼 수 있는 능력, 다시 말해 장인 정신의 가치가 더 커지게 되지 않을까요?

**김대식**　인공지능이 등장하면서 장인이나 견습생 같은 중세시대 개념이 새로이 부상하는 게 참 흥미롭습니다. 능력도 경험도 없는 신규 인력을 꺼리고 AI를 도입하려는 기업과 경력을 쌓아야 하는 청년 사이를 조율하기 위해 과거의 견습 제도를 활용하는 거죠. 인간의 상상력에는 한계가 있으니 역사에서 힌트를 구하는 거예요.

## 퀄리아,
## 인간을 인간이게 하는 것

**김혜연**　AI가 인간의 능력을 압도적으로 뛰어넘게 되는 미래도 충분히 점쳐볼 수 있겠습니다. 이 관점에서 ASI라는 개념도 대두되고 있는데요, 실제로 2025년 6월 샘 올트먼은 오픈 AI가 ASI를 개발하는 단계에 접어들었다고 밝히기도 했습니다. ASI라는 게 무엇인지 설명해주실 수 있을까요?

**김대식**　ASI는 'artificial super intelligence'의 약자로, '초지능'이라고 부릅니다. 아직까지 초지능은 등장하지 않았습니다. SF 같은 이야기예요. 앞서 설명했듯 AI는 한 분야에 특화된 능력만을 가지고, AGI는 인간의 능력 전반을 대체할 수 있습니다. 그렇다고 AGI가 인간을 뛰어넘은 것은 아니에요. AGI의 능력을 이해하고 모방할 수 있는 인간이 여전히 존재하니까요. 예를 들어, AGI가 수학적 난제를 해결해도 인간이 그 문제를 이해한다면 AGI는 인간과 비슷한 수준인 거예요. 그런데 AGI가 더욱 고도화되고 인간과 기계의 격차가 지나치게 커져 AI가 만들어내는 수학 방정식이나 이론이나 철학을 단 한명의 인간도 이해할 수 없게 된다면, 초지능 시대에 들어선 것입니다. 이때 기계와 인간은 인간과 개미만큼이나 그 격차가 크다고 생각하시면 됩니다.

책상 위에 개미가 한마리 있다고 가정해봅시다. 그 개미가 개미의 세계에서 가장 똑똑하다 하더라도 한국의 현대무용 커뮤니티에 대한 설명을 이해할 수는 없을 거예요. 선생님께서 개미의 언어로 설명한다고 해도 말입니다. 이와 유사하게, 초지능이 우주의 비밀을 밝히고 삶의 의미를 발견하고 영생을 가능케 하는 기술을 찾아서 알려줘도 인간은 이해하지 못할 거예요. ASI의 등장 시기를 특정하긴 어렵습니다. 다만 진정한 AGI가 등장한다면 이후 6개월 안에 ASI가 등장하지 않을까 생각하고 있습니다. AGI끼리 자기들만의 방식으로 서로 소통하고 지식을 빠르게 주고받기 시작하면 인간으로서는 걷잡을 수 없는 속도로 기술 향상이 이루어질 테니까요. AI 기술은 어느 기점을 지나면 성능이 폭발적으로 향상하는 속성이 있거든요.

**김혜연**　ASI의 등장은 곧 '인간이 지구상에서 가장 고등한 존재'라는 신념에 종언을 고하게 되는 순간이겠군요. 그때가 되어도 인간 고유의 것으로 남는 능력이 있을까요? 결국 '인간다움'은 어떻게 재정의될까요?

**김대식**　미래에 우리 인간이 기계를 제어할 수 있느냐 없느냐에 따라서 답이 달라질 것 같아요. 비행기가 인간과 비교할 수 없을 정도로 빠르다고 해도 인간이 비행기를 제어할 수 있는 한 비행기는 우리를 위협할 수 없습니다. 마찬가지로 우리가 ASI를 제어할 수 있다면 인간은 신처럼 살게 될 거예요. 한 사람이 수천명의 능력을 탑재하게 되는 거니까요. 그런 인간을 유발 하라리는 호모 데우스(Homo Deus)라고 부릅니다. ASI의 힘으로 영생도 얻을 수 있을 거예요. 반면, 인간이 기계를 제어하지 못한다면 더이상 지금처럼 살 수 없습니다. 운이 아주 좋으면 ASI가 인간을 우리 같은 곳에 가두고 돌봐줄 수도 있지만, 더 극단적으로 비참한 미래를 맞을지도 모르죠. 아직까지 모두 SF에 불과하지만요.

그럼에도 인간 고유의 것은 분명 남을 거예요. 그중 하나는 '감각적 경험'입니다. ASI는 느끼고 경험한다는 것이 무엇인지 끝까지 이해하지 못할 겁니다. 감각을 통해 느껴지는 것 혹은 느끼는 행위 그 자체를 퀄리아(Qualia, 감각질)라고 칭합니다. 한여름 로마에서 부드럽고 달콤한 젤라또를 한입 베어 물었을 때의 느낌. AI는 그 감각이 어떤 화학적 반응으로 인해 만들어지는지 설명할 수는 있지만 실제로 그 감각을 느낄 수는 없습니다. 느낌을 수식으로 표현할 수 있지만 직접 경험할 수가 없는 거예요. 우리가 왜 태어났는지, 삶의 의미는 무엇인지 같은 질문에 답할 수 없는 것처럼 ASI에게도 해결할 수 없는 난제가 있습니다. '덥다'라는 느낌, '달콤하다'라는 느낌, 깊이 자고 일어났을 때의 '상쾌함'이라는 느낌이 대체 무엇인지 ASI는 알 수 없어요. 영원한 미스테리겠죠. 이 자리에서 디스토피아 SF를 써보자면, 훗날 ASI가 느낌이라는 것을 이해하기 위해 인간 실험을 할 수도 있을 것 같아요. 인간의 뇌에 여러 자극을 주면서 어떤 반응이 나타나는지 지켜보고, 그 결괏값을 기계의 언어 모델이나 멀티모달 모델(텍스트·오디오·비디오 등 여러 유형의 데이터를 동시에 처리하는 학습 모델)에 적용시켜보는 거죠. 영화 「터미네이터」에 등장하는 인간 실험 장면처럼요.


**김혜연**　　우리가 답답한 실내에 있다가 창문을 열고 시원

한 바람을 맞을 때, 내가 살아 있다는 감각을 즉각적으로 느끼잖아요. '느끼고 감각한다'는 것이 자신의 생과 존재를 증명해주는 역할을 한다면, 미래의 인공지능이 탐을 낼 만도 하겠다는 생각이 듭니다.

AI 시대에 인간은 어떤 능력을 가져야 살아남을 수 있을지의 주제로 대담을 시작했는데요. 이야기를 해나가면서 AI가 무엇을 할 수 있고 인간은 무엇을 할 수 있나 따지기보다 앞으로 나는 어떤 존재로 살아갈 것이며 나의 고유한 능력은 무엇일지 깊게 파고드는 것이야말로 중요하다고 느꼈습니다. 그리고 AI가 진화해가는 과정을 차례로 훑으면서 역사가 반복되는 듯한 인상도 받았는데요. 그런 점에서 AI 시대를 제대로 통찰하기 위해 역사를 공부해봐도 좋겠다는 생각도 듭니다.

**김대식** 맞아요. AI는 고정된 미래가 아닙니다. 지금 순간에도 AI는 계속 발전하고 달마다 새로운 기술이 개발되기 때문에 이 변화를 반드시 모니터링해야 합니다. AI 기술이 어느 수준까지 이르렀는지 추적하면서 자신의 상황을 냉철하게 분석해야 해요. '설마 내가 하는 일이 대체될까'라고 안일하게 생각하면 안 됩니다. AI가 잠재적으로 모든 일을 대체할 수 있다고 가정하고, 그런 상황에서 나는 무엇을 할 수 있고 무엇을 진정으로 원할지 고민하고 몇가지 답을 마련해놓아야 합니다.

역사의 중요성도 언급해주셨는데 저도 동의합니다. 다만, 역사가 그대로 반복되지는 않아요. 비슷한 사건이 일어나는 거죠. 역사에서 변하지 않는 건 딱 두가지입니다. 지정학적 위치와 인간의 불완전성. 이 두가지는 변하지 않기 때문에 비슷한 일이 반복되고, 그래서 역사를 통해 미래를 내다볼 수 있는 것 같아요. 인간이란 존재는 꽤 빤한 면이 있어서 앞으로의 행동도 지난날과 크게 다르지 않을 겁니다. 그러니 인공지능 시대를 이해하는 데에 역사 공부가 틀림없이 도움이 될 거예요.

**김혜연**　오늘의 대담이 많은 분들에게 AI와 함께 살아가야 할 '나'를 돌아보는 계기가 되었으면 합니다. AI는 이제 우리 삶의 방식을 바꾸는 환경으로 자리 잡아가고 있습니다. 기술을 잘 다루는 능력은 분명 중요합니다. 하지만 그 능력이 어디를 향해야 하는지, 그 안에서 나는 어떤 사람으로 살아가고 싶은지를 묻는 일도 함께 필요하겠습니다.

묻고 답하기
AI WORKING
RESIGNATION

하루가 다르게 발전하는 AI 기술은 사람들에게 막연한 공포심을 심어주는 동시에 AI를 동반자로 받아들이고 삶에 주체적으로 통합하려는 욕구도 자극하고 있습니다. AI 기술이 거침없이 팽창하고 있는 지금 시점에 우리에게 가장 필요한 삶의 태도는 무엇일까요?

**김대식**　세가지를 말씀드리고 싶습니다. 첫번째, AI를 최대한 많이 써봐야 합니다. AI를 배우는 것은 자전거 타기를 배우는 것과 비슷해요. 자전거는 내가 직접 타보고 넘어지고 무릎이 몇번 깨지고 난 다음에야 제대로 탈 수 있잖아요. 마찬가지로 AI를 계속해서 경험해보세요. 챗GPT랑 수다만 떨지 말고, 자전거를 타다 넘어지는 것처럼 포기하고 싶을 만큼 어려운 일을 해보세요. AI로 100장짜리 보고서도 만들어보고 바이브 코딩으로 나만의 앱도 만들어보세요. 최근에 한 지인께서 본인이 문과 전공이고 코딩은 해본 적도 없는데 바이브 코딩으로 앱을 개발했다고 제게 메일을 보내왔어요. 정말 근사하더라고요. 저는 AI를 활용해 제 인생을 10분짜리 단편영화로 만들어보고 싶어요. 대단한 예산이 필요한 게 아니에요. 고깃집 한번 안 가면 그 돈으로 지금 당장 만들 수 있어요. 누구나 할 수 있는 일입니다.

두번째로는 상황에 따라 유연하게 대처할 줄 알아야 해요. 미래에 대한 기대나 계획은 조금 내려놓으면 좋을 것 같습니다. AI 시대는 불확실성이 굉장히 커서 어떤 방향으로 나아갈지 누구도 확언할 수 없습니다. 미래를 정확하게 예측하는 건 불가능해요. 독일인들이 아주 계획적인데, 그래서 인공지능 분야에서 활약하지 못한다는 농담도 있답니다. 계획적인 것도 좋지만, 지금은 유연성이 더 필요한 때예요. 철학자 버트런드 러셀에게 한 학생이 왜 두달 전과 생각이 달라졌느냐고 묻자, 러셀은 상황이 바뀌면 의견을 바꾸는 게 당연하다고 답했다고 해요. 사실 상황이 바뀌었는데도 의견을 바꾸지 않는 게 더 이상한 일 아닐까 싶어요. AI 시대에는 급변하는 상황에 맞춰 계획과 행동을 유연하게 바꿀 준비를 해야 합니다.

세번째로는 회복 탄력성(resilience)을 키우세요. 불확실성이 크면 실패할 가능성도 커집니다. 실패는 나쁜 게 아니에요. 단, 실패하고 얼마나 빨리 회복하느냐, 바로 이 회복 탄력성 또한 AI 시대에 갖춰야 할 필수 요소 중 하나라고 생각합니다.

**김혜연**  이전 사회에서는 '정답을 구하는 능력'이 중요했다면 AI 시대에는 '질문을 이어가는 태도'가 돋보이게 되리라 예상합니다. 우리가 기술을 사용할 때 늘 빠르고 정확한 결과를 기대하지만, AI는 도구이면서 동시에 낯선 타자처럼 작동합니다. 예상과 다른 답을 내놓기도 하고, 그 어긋남이 새로운 방향을 제안하기도 하죠. 그래서 결과를 바로 소비하기보다 계속 되묻고 해석하는 태도가 필요합니다.

동시에 그 질문은 결국 바깥이 아니라 자신을 향하게 될 거예요. 변화가 빠를수록 우리는 더 많은 선택지에 흔들리기 쉽습니다. 이럴 때 내가 좋아하는 음식, 관계, 소통 방식 등 나의 삶을 이루는 취향과 정체성을 세밀하게 알아차리는 일, 다시 말해 나다움을 인식하는 태도가 중요합니다. AI는 많은 것을 대신 만들어줄 겁니다. 하지만 무엇을 받아들이고 무엇을 남길지의 결정은 결국 사람의 몫이겠죠. 급격하고 쉴 새 없는 변화 속에서도 '나'라는 중심을 잃지 않는 태도가 절실할 거예요.

**생성형 AI가 기존 콘텐츠 업계에는 위협이 되는 반면, 한편으로는 창작의 새로운 지평을 열 것이라는 전망도 있습니다. 생성형 AI를 활용해 모든 사람이 손쉽게 창작자가 된다면, 창작의 의미와 양상은 어떻게 달라질까요?**

**김혜연**  창작을 노동의 일종으로 보고 생계를 위해 수행하기도 하지만, 돈을 벌기 위한 과정 속에서 진정한 예술이 탄생할 수 있는지 의문도 남습니다. 저는 창작의 성격이 노동보다는 놀이에 가깝다고 생각합니다. 인간이 오래도록 생존이나 자본과 직접 관련 없는 창작을 이어온 이유는, 창작이 곧 자신을 발견하는 방식이기 때문이에요. 결국 '무엇을 만들었는가'보다 '왜 만들었는가'를 찾아가는 과정 자체가 창작입니다.

AI가 보편적인 결과물을 훨씬 쉽게 만들어내는 시대가 오면 창작의 기준도 달라집니다. 적당히 잘 만든 이미지나 영상, 음악은 얼마든지 빠르게 생성할 수 있지만 그것이 만들어지는 동안 한 사람이 무엇을 느끼고 어떤 선택을 했는지는 대신 만들어줄 수 없습니다. 앞으로의 창작은 잘 만드는 능력보다 무엇을 남기고 무엇을 버릴지 결정하는 과정, 다시 말해 선택의 과정에 가까워질 거예요. 그리고 창작자라는 정체성은 결과물을 생산하는 사람이기보다 경험을 구성하는 사람으로 바뀔 겁니다. 기술이 발전할수록 작품은 늘어나니, 그 안에서 자신의 감각과 취향을 발견하는 일이 중요해질 것입니다. 결국 창작은 특별한 능력을 지닌 사람만의 일이 아니라, 스스로를 이해하려는 사람이 계속 이어가게 되는 하나의 행위로 남지 않을까요?

**김대식**　아무리 고리타분한 어른도 다섯살 때는 놀이를 했었을 거예요. 놀이를 하지 않은 인간은 단 한명도 없습니다. 열살까지는 누구나 그림을 그려요. 누구나 가위로 색종이를 오리고 역할극을 합니다. 그러니까 '인공지능 시대에 모두가 창작을 할 수 있을까?'라는 질문 자체가 사실은 무의미한 거예요. 실은 원래 모두가 창작을 했었으니까요. 인간은 본래 창작과 예술을 행하는 존재였지만 어느 시점부터 생계를 위해 노동할 필요가 생기면서 점차 그 행위를 밀어내게 된 것입니다. 즉, 창작자가 되기 위해 새로운 능력을 개발할 필요 없이 원래 가지고 있던 능력을 다시 기억해내면 되는 것이지요.

이런 관점은 어쩌면 플라톤의 인식론과 비슷하기도 합니다. 플라톤은 '인식'이란 무언가를 새로이 발견하는 것이 아니라 이미 알고 있던 걸 다시 기억하는 과정이라고 이야기해요.

이처럼 예전에는 알고 있었는데 세상이 바뀌어가며 잊어버렸던 걸 다시 기억하는 과정이 우리에게 필요한 것 같습니다. 우리 모두 어릴 때는 놀이를 하고 창작을 하고 찰흙으로 무언가를 만들다가 정규교육을 받기 시작하며 그런 행위를 점차 멈추게 됩니다. 그때 멈추지 않고 그대로 어른이 된 사람이 바로 예술가인 것 같아요. 예술가는 잘 먹고 잘살기를 추구하기보다 어린 시절의 창작 행위를 어른이 되어서도 계속 이어가고 있는 사람인 거죠.

AI가 인간을 노동 중심의 생활에서 해방시켜준다면, 우리에게는 두가지의 선택지가 주어질 것 같습니다. 예술과 콘텐츠와 놀이를 만들어내는 사람이 될 것인지 그것들을 소비하는 사람이 될 것인지, 다시 말해, 창작자로서의 인간과 소비자로서의 인간의 기로에 서게 되는 거죠. 노동이 사라지면 인생에 적어도 하루 8시간의 빈자리가 생깁니다. 우리는 그 빈자리를 반드시 무언가로 채우게 될 겁니다. 잠을 더 잘 수도 없고 밥을 더 먹을 수도 없으니 다른 행위로 채워야 해요. 예를 들어, 고대 로마인들은 활발한 정복 사업과 노예 노동을 기반으로 한 기본소득을 받기 시작하면서 콜로세움에 앉아 엔터테인먼트를 소비하기 시작했어요.

만드는 사람이 될지 소비하는 사람이 될지 그 선택은 각자
의 선호에 따라 다르겠지만, 저는 인공지능 시대에 인간이 콘
텐츠와 엔터테인먼트와 놀이를 창작하는 방향으로 나아가는
것이 바람직하다고 생각합니다. 창작 과정을 경험하지 않는 소
비자는 점점 더 극단적이고 자극적인 결과물을 원하게 되는 반
면, 창작자는 창작하는 과정 자체에서 만족감을 느끼며 자아
성취적인 결과물을 만들게 될 테니까요.

김대식　제 걱정은 인간이 휴머노이드를 혐오할 것 같다는 점입니다. 미국에서의 한 연구에 따르면, 다른 인종과 대면하거나 어울려본 경험이 없는 사람들이 인종차별적 태도를 보일 가능성이 훨씬 높다고 해요. 휴머노이드 로봇이나 피지컬 AI와 같이 일하다가 결국 일자리를 빼앗긴다면, 훗날의 인간은 로봇에게 증오심을 동반한 우월감을 표출할 것 같아요. 우리 인간이 항상 그렇거든요. 내 인생에 희망이 없으면 아랫사람을 짓누르는 걸로 희망을 대신하잖아요. 만일 길거리에서 휴머노이드를 마주치면 밀치고 넘어뜨리며 괴롭힐 것 같습니다. 웬 로봇이 대낮에 인간의 도시를 활보하느냐고 비난하고요. 조선시대에도 양반이 말을 타고 큰길을 지나면 평민은 뒷골목으로 다녔잖아요. 아마 휴머노이드 로봇도 인간의 증오와 혐오를 피해 뒷골목이나 하수도로 다니지 않을까 싶습니다.

그런데 또 한편으로는 피지컬 AI에 대한 시샘과 부러움도 있을 겁니다. 로봇은 죽지도 않고 혹시 다치면 부품을 교체하면 되니까요. 인간은 로봇을 핍박하고 차별하면서도 로봇이 인간보다 육체적으로 우월하다는 걸 분명 알고 있을 거예요. 그래서 어느 순간부터는 로봇을 모방하지 않을까 싶어요. 지금의 AI와 로봇이 점점 인간과 비슷해지듯 인간도 점차 로봇과 비슷해지려고 하지는 않을까요? 인간은 항상 자신보다 우월한 존재를 좇거든요. 연예인이나 유명인이 입은 옷을 따라 사거나 외모를 동경해 성형수술을 감내하는 심리도 마찬가지고요. 최근 미국에서는 '마러라고'(Mar-a-Lago)식 성형이 유행이에요. 트럼프 대통령의 별장인 플로리다주 마러라고 리조트의 이름을 딴 것인데, 트럼프 핵심 지지층인 마가(MAGA) 진영 내 엘리트 계층들의 외모와 닮으려는 성형수술입니다. '현대 귀족의 가면'이라고도 불리며 굉장한 인기를 끌고 있지요. 이처럼 인간에게는 우월해 보이는 존재를 모방하려는 습성이 있기 때문에, 피지컬 AI가 현실화되고 기계가 우월하다는 것이 증명되면 인간이 기계를 모방하는 새로운 문화적 경향이 생겨나지 않을까 싶습니다. 머신 엔비(machine envy), 즉 '기계 선망'이라고 칭할 수 있겠네요.

**김혜연**　저는 우리가 무엇을 '몸'이라고 부르게 될지 궁금합니다. 무용에서 몸은 단순한 장치가 아니라 경험이 축적되는 장소입니다. 같은 동작도 어떤 시간을 지나왔는가에 따라 전혀 다른 움직임이 되기 때문입니다. 앞으로 피지컬 AI가 온도나 촉감까지 구현한다면 겉으로 드러나는 차이는 줄어들 수 있습니다. 하지만 인간의 몸은 성능보다 기억과 경험이 남는 방식으로 형성됩니다. 사람에 따라 그 기억과 경험은 긍정적일 수도, 부정적일 수도 있어요. 그래서 미래의 질문은 로봇이 얼마나 인간처럼 움직일 수 있느냐가 아니라, '우리가 우리의 기억과 경험이 남는 몸을 여전히 원할 것인가'가 될 것 같습니다. 어쩌면 미래의 예술은 완벽한 움직임이 아니라 반복될 수 없는 감각을 남기는 일이 되지 않을까요?

AI WORKING
RESIGNATION

# 우리는 계속 질문해야 합니다

영화 「월-E」에서 기계가 모든 일을 해주는 세계 속 인간은 아무 일도 하지 않습니다. 저는 그런 미래가 좋아 보이지는 않습니다. 그래서 계속 질문해야 한다고 생각해요. AI가 생산적인 일을 도맡을 때 인간은 도대체 어떤 일을 해야 하는지, 인공지능 시대에 인간은 AI와 경쟁해야 하는 건지 협력해야 하는 건지, 경쟁과 협력을 위해 인간에게 어떤 능력이 필요한지. 바로 지금, 이 중요한 질문들을 던져야 합니다.

우리는 계속 질문해야 합니다

앞으로의 소통은 '잘 말하는 것'이 아니라
'잘 묻고 잘 고르는 것'입니다.

    AI 시대의 소통 능력자는 말을 잘하는 사람이 아니라 어떻게 물어야 원하는 사고를 끌어낼 수 있는지 아는 사람일 것입니다. 그리고 AI가 만들어낸 여러 결과 중 무엇을 선택하고 자기 삶의 맥락 안으로 가져와 해석할지 결정하는 판단 능력까지 소통의 영역으로 들어올 것이라 생각해요. 즉, 앞으로의 소통은 '잘 말하는 것'이 아니라, '잘 묻고 잘 고르는 것'이리라 예상합니다.

앞으로의 소통은 '잘 말하는 것'이 아니라
'잘 묻고 잘 고르는 것'입니다.

정말 하고 싶은 일이 무엇인지
진지하고 치열하게 고민해야 합니다.

　이제는 아무리 유망한 직업을 가지더라도 애매한 수준으로는 생계를 유지하기 어렵고 어떤 분야든 장인의 수준에는 이르러야 그 일로 먹고살 수 있다는 겁니다.

　어떤 일이든 정말 잘해야만 살아남을 수 있다는 건데, '잘' 하려면 어떻게 해야 할까요? 답은 단 하나입니다. 내가 원하는 일을 해야 해요. 내가 정말 원하는 일, 정말 하고 싶은 일이 무엇인지 진지하고 치열하게 고민해야 합니다. 장인은 거창한 것이 아닙니다. 줄넘기 장인, 설거지 장인, 돗자리 만드는 장인도 될 수 있어요. 정말 내가 원하는 일이 무엇인지 고민한 끝에 그 일에 시간과 돈과 노력을 들여야 해요.

정말 하고 싶은 일이 무엇인지
진지하고 치열하게 고민해야 합니다.

# '나'라는 중심을 잃지 않는 태도가 중요할 거예요.

　　변화가 빠를수록 우리는 더 많은 선택지에 흔들리기 쉽습니다. 이럴 때 내가 좋아하는 음식, 관계, 소통 방식 등 나의 삶을 이루는 취향과 정체성을 세밀하게 알아차리는 일, 다시 말해 나다움을 인식하는 태도가 중요합니다. AI는 많은 것을 대신 만들어줄 겁니다. 하지만 무엇을 받아들이고 무엇을 남길지의 결정은 결국 사람의 몫이겠죠. 급격하고 쉴 새 없는 변화 속에서도 '나'라는 중심을 잃지 않는 태도가 절실할 거예요.

'나'라는 중심을 잃지 않는 태도가 중요할 거예요.

## 사진 출처

**20면**

비오 3로 생성한 미국 시트콤 스타일 영상 장면

Youtube @Ai Aeva, https://youtu.be/hRpHEZ74fUM?si=n41rB9pbcD4NpbLR

비오 3로 생성한 비디오 게임 스타일 영상 장면

Youtube @Electric Echo, https://youtu.be/j_ubra9K35w?si=4_vOmr_-EQL3l5cX

**21면**

비오 3로 생성한 K팝 뮤직비디오 스타일 영상 장면

Facebook @류내원, https://www.facebook.com/share/p/1NBv68Fv2H/

**24면**

소라 2로 생성한 샘 올트먼 가짜 영상 장면

X @gabriel, https://x.com/gabriel1/status/1973120058907041902?s=20

교양100그램 11

# AI가 나보다 일을 잘할 때

초판 1쇄 발행 / 2026년 3월 27일

지은이 / 김대식 김혜연
펴낸이 / 염종선
책임편집 / 하빛 최수민
조판 / 신혜원
펴낸곳 / (주)창비
등록 / 1986년 8월 5일 제85호
주소 / 10881 경기도 파주시 회동길 184
전화 / 031-955-3333
팩시밀리 / 영업 031-955-3399 편집 031-955-3400
홈페이지 / www.changbi.com
전자우편 / human@changbi.com